体育が苦手な教師でも必ずうまくいく！

マット
鉄棒
跳び箱

指導の教科書

三好真史 著

学陽書房

はじめに

「器械運動が好きですか？　嫌いですか？」
こう尋ねられたとすれば、あなたは何と答えますか。
もし「好き」と答えるなら、きっと器械運動が得意な人。
「嫌い」と答えるなら、苦手な人なのでしょう。
一見当たり前のようですが、器械運動という運動領域に関しては、この差が顕著に表れます。それは器械運動が「できる」ことで楽しさを感じられる運動だからです。
技ができれば楽しくて、好きになる。
できなければつまらなくて、嫌いになる。そういう運動です。
だから私たち教師は器械運動を指導するにあたり、子どもたちを「できる」ようにするために、ことさら注意を払わなければいけないわけです。
では、子どもたちを「できる」ようにするために、教師に求められる資質とは何なのでしょう。教師自身が技を身につけていることでしょうか。もちろん、できるに越したことはありません。でも、「器械運動が得意＝指導が上手」とは限りません。得意な教師というのは困った経験が少なく、できない子の気持ちを理解するのが難しいからです。
一方で器械運動が苦手な教師というのは、できない子どもの気持ちが理解できます。確かな知識さえもっていれば、困るポイントに合わせてアドバイスを送ることもできるでしょう。
つまり、器械運動を指導するために必要な資質は「器械運動の知識を備えていること」といえます。
本書は、器械運動の指導についてまとめています。「何を準備すればいいのか」「何を指導すればいいのか」がパッと見て分かるようにしています。そのまま、日常の体育科の授業で使用してください。
器械運動を指導するための確かな知識を得ましょう。「できた！」という喜びの声があたりいっぱいに響きわたる授業をつくろうではありませんか。

CONTENTS

はじめに ………3

Chapter 1
器械運動の指導で大切にしたい10のこと

●何のために器械運動を学ぶのか？ ………10
1 単元計画を立てる ………12
2 技のまとまりを教える ………14
3 ポイントとステップを示す ………16
4 グループを組む ………18
5 場をつくる ………20
6 安全を確保する ………22
7 得意な子を飽きさせない ………24
8 苦手な子を支援する ………26
9 発表会をする ………28
10 学びをふりかえる ………30

●指導の流れ8ステップ ………32
1 用意 ………32
2 準備運動 ………33
3 感覚づくりの運動 ………34

4 一斉指導 ……… 35
5 選択練習 ……… 36
6 全体確認 ……… 37
7 ふりかえり ……… 38
8 片づけ ……… 39

Column 1　子どもの関わり合いを生み出すために ……… 40

Chapter 2　マット運動編

- ここを押さえればうまくいく！
  マット運動の指導法 ……… 42
- 知っておきたい！
  マット運動理論：目線理論 ……… 44
- マット運動で指導する技一覧 ……… 46
- これだけはそろえたい！
  マット運動の準備物 ……… 48
- マット運動の感覚づくり ……… 50

前転 ……… 52
後転 ……… 56
壁倒立 ……… 60
側方倒立回転 ……… 64

- マット運動の連続技 ……… 68

Column 2　後転と髪型 ……… 70

CONTENTS

Chapter 3　鉄棒運動編

- ここを押さえればうまくいく！
  鉄棒運動の指導法 ………72
- 知っておきたい！
  鉄棒運動理論：ふりこ理論 ………74
- 鉄棒運動で指導する技一覧 ………76
- これだけはそろえたい！
  鉄棒運動の準備物 ………78
- 鉄棒運動の感覚づくり①
  固定施設をつかったあそび（低学年）………80
- 鉄棒運動の感覚づくり②
  鉄棒をつかった運動 ………81
- 鉄棒運動の感覚づくり③
  鉄棒運動のおり技 ………83

さかあがり ………84
かかえこみ前回り ………88
膝かけふりあがり ………92
後方片膝かけ回転（膝かけ後ろ回り）………96

- 鉄棒運動の連続技 ………100

Column 3　さかあがりが全員できるようになるために ………102

Chapter 4　跳び箱運動編

- ここを押さえればうまくいく！
  跳び箱運動の指導法　………104
- 知っておきたい！
  跳び箱運動理論：ホウキ理論　………106
- 跳び箱運動で指導する技一覧　………108
- これだけはそろえたい！
  跳び箱運動の準備物　………110
- 跳び箱運動の感覚づくり　………112

開脚とび　………116
かかえこみとび　………120
台上前転　………124
首はねとび　………128

Column 4　台上前転と跳び箱の種類　………132

Chapter 5
器械運動の指導と評価のポイント

- 低学年の授業づくりのポイント　………134
- 中学年の授業づくりのポイント　………136
- 高学年の授業づくりのポイント　………138
- 「個別の知識や技能」の評価　………140

CONTENTS

- ●「思考力・判断力・表現力」の評価 ………142
- ●「主体的に学習に取り組む態度」の評価 ………144

Column 5　課題別子ども先生 ………146

巻末付録
子どもの意欲がどんどん高まる！
器械運動のワークシート

ワークシートの使い方 ………148

感想カード　150
前転　152
開脚前転　153
後転　154
伸膝後転　155
壁倒立　156
倒立ブリッジ　157
側方倒立回転　158
ロンダート　159
マット運動技図鑑　160
マット運動発表カード　163

さかあがり　164
後方支持回転　165
かかえこみ前回り　166
前方支持回転　167
膝かけふりあがり　168
前方片膝かけ回転　169
後方片膝かけ回転　170
後方ももかけ回転　171
鉄棒運動技図鑑　172
鉄棒運動発表カード　173

開脚とび　174
開脚伸身とび　175
かかえこみとび　176
屈身とび　177
台上前転　178
伸膝台上前転　179
首はねとび　180
頭はねとび　181
跳び箱運動技図鑑　182
跳び箱運動発表カード　183

低学年ワークシートについて ………184

マットあそびカード　185
てつぼうあそびカード　186
とびばこあそびカード　187

おわりに ………188

Chapter 1
器械運動の指導で大切にしたい 10のこと

何のために器械運動を学ぶのでしょう？
すべての子どもを「できる」ようにするために、気を付けるべきことは？
ここでは、器械運動の指導で大切にしたい10のことを確認していきましょう。

何のために器械運動を学ぶのか？

　器械運動の技は、「回る」「逆さまになる」「体を支える」などの動きで成り立っています。どれも非日常の運動です。非日常ということは、裏を返してみれば、日常生活で用いることがないともいえます。
　「じゃあ、さかあがりや前回りができなくても別にいいんじゃない？」
　そんな声が聞こえてきても、おかしくはなさそうです。
　いったい何のために小学校で器械運動を学ぶのでしょうか。

　器械運動がほかの運動と異なるのは、「できる」を目指す点。ほかのスポーツであれば、ボールを投げてパスするとか、幅とびをとぶとか、運動そのものは、わりとすぐできるようになります。しかし器械運動は、はじめは技そのものができません。全身を駆使して練習し、できるようになったときには大きな喜びが感じられます。
　この「できる喜び」にたどり着くまでの過程において、様々な学習ができるのです。
　例えば倒立前転ができるようになれば、体のコントロール力が身につきます。倒立するための知識も得られます。
　自分の動きの課題に気付き、試行錯誤して練習する中で、思考する力が身につきます。
　危険を伴う運動であるがゆえに、安全に気を付ける姿勢も身につきます。友だちと協力して励まし合うことで、豊かな心も育ちます。

　つまり器械運動は、技ができるまでの過程で様々な力を身につけるために学習しているといえるでしょう。

Chapter 1 ……**器械運動の指導で大切にしたい 10 のこと**

「できる」ようになるまでの過程で

できた！

できる喜び

知識・技能

運動の知識を得る
体のコントロール力が身につく

← コツ③
コツ② ↓
← コツ①

思考力・判断力

練習の仕方を考える

なぜできない？
ステップ2を
しよう

学びに向かう人間性

豊かな心が育つ

Point!
● 器械運動は、「できない」ことを「できる」ようにする過程で様々な力を身につけていく運動である。

1　単元計画を立てる

　授業を始める前に、単元計画を立てましょう。器械運動は1単元につき8時限程度行います。1週間に1度なら2か月、1週間に2度なら1か月程度で終了します。
　単元は次の4つで構成します。

① はじめ（1時限）

　「はじめ」はオリエンテーションの時間です。場の準備や片づけの仕方を確認します。活動を進めるためのグループをつくります。これまで学習してきた技をふりかえり、学習する予定の技について知ります。
　教師は1時限の中で、子どもたちの動きをよく観察します。習熟の度合いを把握し、単元計画を見直します。

② なか1（2〜4時限程度）

　「なか」は前半と後半に分けられます。「なか1」では、基本技の習得に向けて取り組みます。自由練習時間では、基本技や発展技を練習します。

③ なか2（2〜4時限程度）

　「なか2」では「なか1」とは異なる系統の基本技に取り組みます。自由練習時間では、発表会に向けて発展技や組み合わせ技を練習します。

④ おわり（1時限）

　「おわり」では発表会をします。組み合わせ技や得意な技を発表します。

　授業全体の流れは、2時限目以降に子どもたちへ示します。そうすることで、見通しをもち活動を進めることができるようになります。

Chapter 1 …… 器械運動の指導で大切にしたい 10 のこと

Point!
- 単元計画は、「はじめ」「なか1」「なか2」「おわり」の4部構成で考える。

2 技のまとまりを教える

　器械運動は、子どもたち全員の「できる」を目指します。そこで難しくなるのが、「どの技をめあてにするか？」ということ。

　例えば１つの技を目標に設定したとします。得意な子は技がすぐにできるので飽きてしまいます。苦手な子はいつまでたってもできないので、嫌になってしまいます。

　これでは「できる」喜びを全員が味わえる可能性は低いといえます。

　では目標とする技を、それぞれが自由に決めるとどうでしょう。「ぼくはさかあがりを練習しよう」「私はかかえこみ前回り！」「私は膝かけふりあがり！」というように。一見うまくいきそうです。しかしこれだと、１時限の授業で学ぶことがバラバラ。学級全体で学びを共有することがなくなり、まとまりのない授業になってしまいます。

　この問題を解決するための方法が、「串ダンゴ学習法」です。同じ系統の技を串ダンゴのようにひとくくりにまとめて示します。そこから自分に合った技を選ぶようにするのです。

　例えば「かかえこみ前回りをできるようになること」というように、その時間のめあての技を定めます。前後のつながりとして、５ステップと発展技を示しておきます。

　かかえこみ前回りがまだできない子は、ブランコやふとんほしなど、５ステップに取り組みます。できるようになった子は、発展技「前方支持回転」の５ステップに取り組んでいきます。

　技のポイントは、どの動きでもほぼ同じ。これなら個人のめあてをもちつつ、学級全員で学びを共有することが可能になるわけです。

　本書では、マット運動・鉄棒運動・跳び箱運動の技をそれぞれ４つのグループにまとめています。

　１つのグループの中に、基本技と発展技があります。まずは基本技の習得を目指し、できる子は発展技に取り組んでいくように授業を組み立てましょう。

Chapter 1 　器械運動の指導で大切にしたい 10 のこと

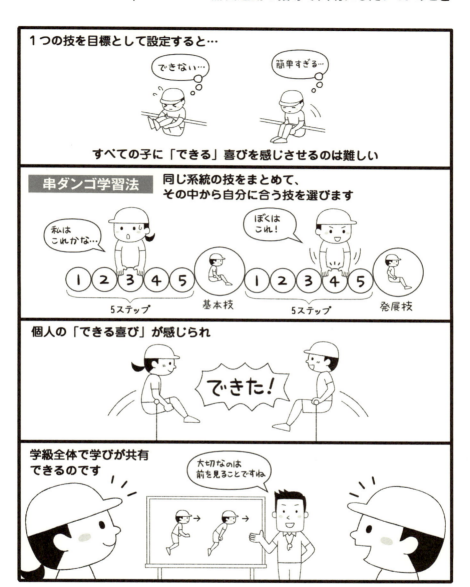

Point! ● 技のグループをまとめて指導する。

3　ポイントとステップを示す

　器械運動の技は、やみくもに練習して身につけられるものではありません。できない経験を繰り返していると、意欲を低下させてしまうこともあります。
　まずは、3ポイントと5ステップを伝えましょう。

3ポイント

　1つの技につき、3つのポイントを教えます。技を成功させるために欠かせない点を説明します。教師や子どもの見本を見せたり、技の連続図を示したりしながら、1つずつ確認していくようにします。
　あまりにも多くのポイントを提示すると、何を意識すればいいのか分からなくなってしまいます。3つくらいがちょうどいいでしょう。

5ステップ

　1つの技につき、5つのスモールステップを紹介します。技は、高くそびえたつ壁のようなもの。一気に登ることは困難です。でも、手前に階段さえあれば、高い壁も階段の一部のようになります。この小さな階段が、「スモールステップ」です。
　やさしい動きから、少しずつ技の感覚を身につけます。小さな「できる」を積み上げていき、最終的に1つの技を完成させるのです。

教えて考えさせる

　子どもたちは、学んだ3ポイントと5ステップをもとにして、「自分はどのポイントができていないか？」「どのステップの練習が必要なのか？」を考えます。本書巻末付録のワークシートには、ポイントを書き込む技の連続図と5ステップの一覧があるので、これをうまく活用させるといいでしょう。

Chapter 1 …… 器械運動の指導で大切にしたい10のこと

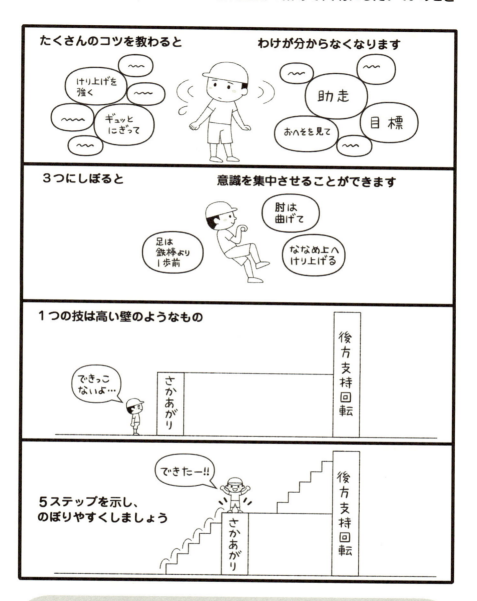

Point! ● 3ポイントと5ステップを示す。

4　グループを組む

　器械運動は個人の運動ですが、仲間と関わり合うことにより、学びを深められるようになります。
　それぞれの単元の特性に合わせてグループをつくります。

マット運動

　マット運動は、技能や体格の差に関係なく、みんな同じ場で練習できます。男女混合で4人組のグループをつくります。教室の生活班でいいでしょう。
　1つのグループで2枚のマットを使用します。
　4人組が2つで、ペアグループとします。

鉄棒運動

　鉄棒運動は、身長によって適切な鉄棒の高さが変わります。また、お互いを補助する中で触れ合うことがあるため、男女は別にするほうがいいでしょう。
　男女別に並び、身長順で3人組のグループをつくります。
　男子3人組と女子3人組を合わせてペアグループとします。

跳び箱運動

　跳び箱運動は、技能の差によって跳び箱の高さが異なります。男女混合で4人組をつくります。生活班でいいでしょう。
　その中で、技能の近い2人組に分かれます。
　この2人組のグループで場を選んで活動します。
　2人組が2つでペアグループとします。

Chapter 1 ……器械運動の指導で大切にしたい 10 のこと

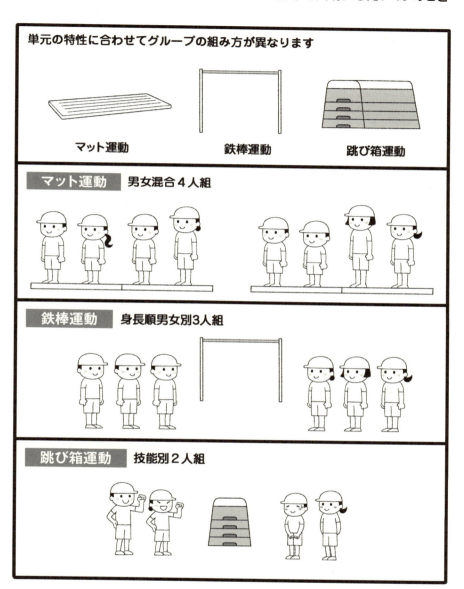

- マット運動は、生活班、男女混合4人組。
- 鉄棒運動は、身長順、男女別3人組。
- 跳び箱運動は、生活班、技能別2人組。

5 場をつくる

　器械運動は場をつくって活動するものです。場をつくるにあたり、気を付けたいのは「見通しの良さ」です。
　まずは、子どもにとって見通しの良い場にしなくてはいけません。子どもたちはお互いの動きを見て気付きを得ます。「ああやって動けばいいのか」「あの動き、すごい！　僕もやってみよう」というように。
　また、教師からの見通しの良さも大切です。見通しが悪ければ、子どもが無茶な技に取り組んでいたり、ふざけたりしているのを見落としてしまいます。常に全体の動きを把握しておく必要があります。
　体育館や鉄棒をすべて使い切る必要はありません。全面を使うと、見えにくくなるからです。見通しの良さを考慮して、次のような配置と教師の立ち位置を基本とします。

マット運動

　マットは、平行2列に2枚ずつつなげて配置します。舞台前には教師用マットを置きます。子どもは、壁側から中央に向かって取り組みます。教師は、教師用マットのあたりから全体を見るようにします。

鉄棒運動

　鉄棒は、学校ごとに高さや数が異なります。鉄棒が1列の場合は1列に並びます。教師は、鉄棒の向こう側から全体を見ます。鉄棒が2列の場合は両側に分かれ、内側を向いて取り組みます。教師は、鉄棒の間に立ちます。

跳び箱運動

　跳び箱は、コの字型に配置します。子どもは、壁側から中央に向かって取り組みます。教師は、右上のところで補助しながら全体を見るようにします。

Chapter 1 ……器械運動の指導で大切にしたい 10 のこと

Point! ● 教師と子どもにとって見通しの良い場をつくる。

6　安全を確保する

　日本スポーツ振興センターの調べによると、小学校校舎内のケガは体育科の授業中が60パーセントを占めます。なかでももっとも多いのが跳び箱運動です。ケガを防ぐために、教師は細心の注意を払う必要があります。

①服装・髪型のチェック

　ケガを防ぐ第一歩は、服装や髪型を整えることです。シャツはズボンの中にしまいます。シャツが出ていると、鉄棒に巻きついたり、手がひっかかったりすることがあるからです。女子児童で髪が肩より長い子は、髪をひっかけてしまうことがあるので、1つに束ねるようにします。

②真剣な雰囲気づくり

　ふざける子がいると、ケガ発生のリスクは確実に高まります。あらかじめ子どもたちには次のように伝えておきます。
　「器械運動の授業では、先生は厳しく言うことがあります。それは、君たちの安全を守りたいからです。器械運動は、逆さまになったり回転したり、普段やらない動きをします。気を抜いていると、骨を折るなど大ケガをするおそれもあります。いつでも真剣に取り組むようにしましょう」
　ふざける子どもには毅然とした態度で注意します。いつでも真剣な授業の雰囲気がつくれるように努めましょう。

③危険の予測

　器械運動のケガは、必ずしも子どもの不注意が原因とはいえません。「教師の配慮不足」によるものも多いのです。例えばマット運動で倒立をしていて、後ろに座っていた子をけり上げ、目にケガをさせてしまったとします。このケガは、教師が「けってしまうことがあるから、後ろの人は1m以上はなれて立ちましょう」と指示を出していれば防げたはずです。教師の配慮不足による事故といえます。起こり得る危険を予測し、的確な指示を出し、事故を未然に防げるようにしましょう。

Chapter 1 …… **器械運動の指導で大切にしたい 10 のこと**

校舎内でのケガは跳び箱運動での事故が最多

① 服装・髪型のチェック

髪は1つくくりに
シャツは入れる

② 真剣な雰囲気づくり

真剣に取り組みましょう
君たちの体が大事だから厳しく言うのですよ！

③ 危険の予測

ぶつかりそうだな…
やめ。全員起立。大きく広がりましょう

Point!
- 服装・髪型を整える。
- 厳しい態度で、ふざけを一切許さない。
- 全体の動きを予測し、未然に防ぐ。

7　得意な子を飽きさせない

　発展技もできるようになった子は、手持ち無沙汰になってしまいがちです。できるようになった子どもには、次のように声かけしていきましょう。

① 安定：「失敗せずにできるかな？」

　1～2回できただけで、「できるようになった」と感じてしまう子がいます。まずは、何回でも失敗せずにできるようにします。「3回続けて成功できればOK！」などの基準を設けるのもいいでしょう。

② 発展：「この条件でもできるかな？」

　例えば跳び箱運動の開脚とびの場合、跳び箱の手前へ赤玉を置き、「これに当たらずにとべるかな？」と伝えます。とべるようになれば、赤玉の数を増やします。ロイター板と跳び箱の間に調節箱も入れます。条件を変えることで、跳躍を雄大なものへと成長させていくのです。

③ 連続：「同じ技を連続してできるかな？」

　マット運動・鉄棒運動で有効な声かけです。安定していなければ、技を連続させることができません。連続する練習をすることで、技の習熟が深まります。「まずは2回連続。できる人は、3回連続を目指しましょう」と伝え、意欲をもたせるようにします。

④ 組み合わせ：「異なる技と組み合わせられるかな？」

　マット運動・鉄棒運動では、ほかの技と組み合わせることができます。「前転から開脚前転。できるかな？」「かかえこみ前回りから前回りおりにつなげてみよう！」など、組み合わせの例を示すといいでしょう。

　1回できるようになることだけが器械運動の楽しさではありません。声かけを通して、よりたくさんの「できた！」を生み出し、子どもの技能と意欲を高めていきましょう。

Chapter 1 ……**器械運動の指導で大切にしたい10のこと**

Point! ●できるようになった子には、「少しだけ難しい課題」をあたえる。

8　苦手な子を支援する

　できない子はどう活動すればいいのか分からず、困ってしまうことが多々あります。教師はできるだけ苦手な子に多く関わり、個別の支援をあたえていくようにします。

アドバイスする

　支援としてまず必要なのは、アドバイスすること。子どもの動きから、「なぜ、できないのか？」を分析します。できない原因を見つけるための良い方法は、比較です。3ポイントを中心にして、できない子とできる子の動きの違いを見比べます。違いを探し出して、その差が埋まるようにアドバイスするのです。

補助する

　できない子どもへの支援としてもっとも効果的なのは、補助です。
　補助で技を成功させるための感覚を養います。補助する際には、子どもの動きを止めないように気を付けましょう。動きが止まってから補助すると、間違った力の入れ方を覚えてしまうことがあるからです。動きの流れに力を加えるような意識で補助するといいでしょう。
　補助の力は、回数を重ねるにつれて少しずつ弱めていきます。次第に触れるだけでできるようになります。最後には、「先生は横に立っているよ。もし、危なかったら支えるからね。思い切ってやってごらん！」と伝えます。これでできたなら、もう大丈夫。このように、補助の手を少しずつ緩めることで技をできるようにしていくのです。
　「でも、補助をするとむしろケガをさせてしまいそうで……」と不安を感じる先生もいることでしょう。慣れないうちは、教師同士で持ち合うようにして補助の練習をするといいでしょう。はじめはなかなかうまくできません。でも、やらない限り補助がうまくなることはありません。何度も何度も補助しましょう。

Chapter 1 ...... 器械運動の指導で大切にしたい 10 のこと

9　発表会をする

　器械運動は、友だちに技を見てもらい「すごい！」と認めてもらうことで、さらに喜びが感じられる運動です。単元の最後には発表会を開きましょう。「発表会を目指して技を組み合わせてみよう」とすることで、子どものやる気を高めることもできます。
　発表会には2通りの方法があります。子どもの実態に合わせて選択しましょう。

① ペアグループ発表

　ペアグループとお互いに発表し合います。ジャンケンで勝ったグループから順番に1人ずつ発表します。終わったら、ペアグループの人から一言ずつコメントをもらいます。15分程度で終了するのがいいところ。どのグループも滞りなく進められるようにするために、教師は全体の動きをよく観察しておかなくてはいけません。

②全体発表

　1人ずつ前へ出て発表を行います。全員で1人ひとりの成長を確認できるという良さがあります。評価も確実につけることができます。1時限丸ごとかかるので、準備体操を終えたらすぐに取りかかります。

　発表会の内容は右の絵のように、マット運動・鉄棒運動・跳び箱運動でそれぞれ異なります。
　発表するときは挙手し、「見てほしいところは○○です。お願いします」と伝えた上で演技を始めます。
　見る人は器具の横に並んで座り、演技後は拍手を送ります。
　発表会は単元のしめくくり。子ども自身が「成長できたなあ！」と気持ち良く終われるように、良いところを認め合う雰囲気をつくりましょう。

Chapter 1 ……**器械運動の指導で大切にしたい 10 のこと**

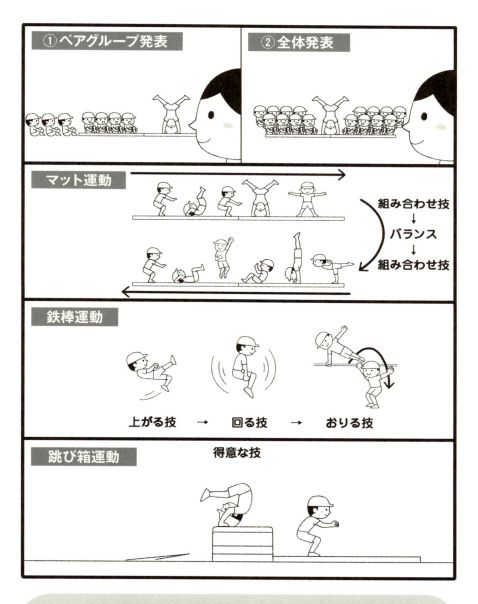

Point!
- 発表は、「ペアグループ発表」と「全体発表」がある。
- 単元ごとに発表内容が異なる。

10　学びをふりかえる

　授業の終わりには、学びをふりかえる時間をつくりましょう。
　器械運動は個人の運動です。1人でめあてを立て、1人で活動し、個人の学びを深めます。ふりかえりの時間を設けることにより、それぞれ個人の学びを1か所に集約します。これが学級全体の学びになるのです。
　「今日、気付いたことはありますか？」と発問し、技の連続図へ子どもたちの気付きを書き込んでいきます。特に、子どもが考えたたとえやオノマトペなどを大切にしましょう。
　「かかえこみ前回りは、お辞儀をするように頭を下げます。グイッと」
　「さかあがりは、サッカーのオーバーヘッドキックみたいに頭上をけるようにすると、できるようになりました」
　「倒立前転は、目線を『ジー……クルン！』のタイミングで変えます」
　「台上前転では、ロイター板を『ドゴン！』とけります」
　子どもの考えた言葉は、ほかの子どもに大きな影響をあたえます。合言葉になり、学級全体の高まりを生み出すこともあります。
　次の授業では、前時のふりかえりの内容を確認してから活動を始めるようにします。
　ふりかえりの時間で学びを共有することで、子どもと子どもをつなぎ、単元全体をつないでいくことができるようにしましょう。
　なお、技の連続図の掲示物については、本書巻末付録のワークシートを拡大コピーしてつくります。そのまま黒板やホワイトボードなどに貼り付けるといいでしょう。

Chapter 1 ……　**器械運動の指導で大切にしたい 10 のこと**

- ふりかえりで、学びの共有を図る。
- 子どもの言葉を大事にする。

指導の流れ
8ステップ

1 用意

体育科の授業前、教室で場づくりについて説明します。

> 次の時間は体育科です。グループごとに協力して用意します。1班が、3段の跳び箱とマット。2班が…（中略）。8班が、4段の跳び箱とマットを用意します。

場のつくりかたを大きめの紙に描いて示します。
赤ペンでグループの番号を書き入れておきます。
体育館の場合は紙を持っていき、マグネットで体育館のドアなどに貼り付けます。

マットは基本的に4人で持ち運びます。
2人で運ぶときは、角と角を持つようにします。
子どもが道具を運び、教師は指示を出します。
早く終わった子どもは、窓開けなどをします。

> 全員集合。
> 始まりの挨拶をしましょう。

準備が整い次第、集合の号令をかけます。
始まりの挨拶をします。
教師はここで、子どもの服装・髪型が整っているかを確認します。

【集合場所】

マット運動

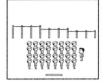
鉄棒運動

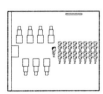
跳び箱運動

Chapter 1 ……**器械運動の指導で大切にしたい 10 のこと**

2　準備運動

通常の体育科の準備運動をします。

準備体操をします。腕を伸ばしてもとなりの子とぶつからないくらいに広がりましょう。

次に柔軟運動をします。筋肉の筋は、じっくりと時間をかけて伸ばすことでやわらかくなります。ゆっくり 10 秒数えます。

① 前倒し

足を伸ばして体を前へ倒します。
つま先をさわるように、手を伸ばしましょう。
頭はグッと下へ向けて。

② 開脚前倒し

足を開いて、体を前へ倒します。まずは、手のひらを床へつけましょう。肘、頭、アゴ、胸、おへそ……どこまで床につけることができるかな？

③ ちょうちょ倒し

足の裏と足の裏をぴったりつけて、体を前へ倒します。足の前の床に頭をつけるつもりで。

④ ねこ

両腕を前へ伸ばして、背中を反らせます。
胸を床につけるようにして。

⑤ 手首のばし

両手を後ろ向きについて、
ゆっくりと背中側に体重をかけてみましょう。

3　感覚づくりの運動

5～10分程度で感覚づくりの運動を行います。

全員起立。感覚づくりの運動をしましょう。

・**感覚づくりの運動をする場所**

マット運動

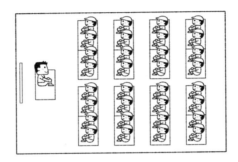

鉄棒運動

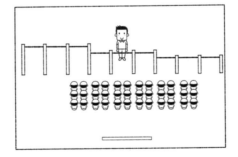

跳び箱運動

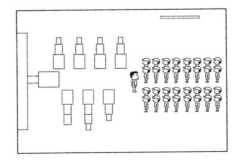

Chapter 1 …… **器械運動の指導で大切にしたい 10 のこと**

4 一斉指導

全員で同じ運動に取り組みます。
まずは既習の技を行います。

これまでに学んだ技を復習しましょう。

次に、全員ができるところまで基本技の5ステップを進めていきます。
（＊跳び箱は、この部分を省略します。）

今日は○○という技をやります。5ステップに取り組みましょう。まずは、全員ステップ1をします。

5 選択練習

それぞれの技能レベルに合わせた技を選び、練習に取り組みます。

集合しましょう。
3ポイントと5ステップを確認しましょう（確認）。
まだできない人は5ステップの技をやります。
できるようになった人は、発展技の5ステップに取り組みます。

【集合場所】

マット運動

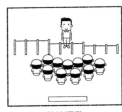

鉄棒運動

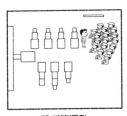

跳び箱運動

今日のめあてをグループで伝え合います。
全員伝え終わったら練習を始めましょう。

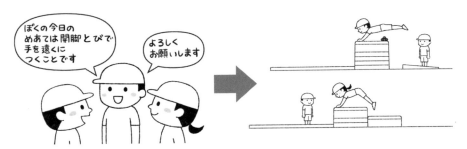

ぼくの今日の
めあては開脚とびで
手を遠くに
つくことです

よろしく
お願いします

Chapter 1 …… **器械運動の指導で大切にしたい10のこと**

6　全体確認

練習の間で2〜3回程度、集合の号令をかけて、技のポイントについて確認します。
以下の4つの発問で、気付きを深めていきます。

①上手な子の見本を見せる	②下手な子の動きを教師がやってみせる
○さんの動きがすばらしい。足の動きに注目してみましょう。良いところはどこかな？	こういう失敗をしている人が多いです。どうすればいいでしょうか？
③2つの動きを見比べさせる	④2つのやり方を試させる
こういう失敗をしている人が多いです（教師が失敗する）。○さんの動きを見ましょう（子どもが成功する）。先生の動きと○さんの動きを比べると、どこが違いますか？	手のつき方は、どちらがいいと思いますか。1つ目は、外向き。2つ目は、内向き。試してみましょう。

ポイントの確認後、練習を再開します。
練習の終わりには、自由練習時間を3〜5分程度設けます。

ここから自由練習時間です。より上手にできるようにしたり、発展技に取り組んだり、組み合わせ技に取り組んだりしてみましょう。

7　ふりかえり

今日の学びをふりかえり、学習をまとめます。

今日の学びを、グループでふりかえりましょう。

今日の感想を発表しましょう（挙手・指名）。
新しい技ができるようになった人はいますか？（挙手・指名）

発表できた人たちに、拍手を送りましょう！
今回の授業では、〇〇について学びました。
1班は、できない子に丁寧にアドバイスを送っていました。
とてもステキだなあと思いました。
次回は、〇〇の技を学習します。

Chapter 1 ……**器械運動の指導で大切にしたい 10 のこと**

8　片づけ

使用した準備物を片づけます。

それでは、片づけをしましょう。
グループごとに、出したものをしまいましょう。
早く終わったグループは窓を閉めます。

　片づけが終わるまでの時間をストップウォッチで計ると効果的です。
「5分なら自転車。4分なら高速バス。3分ならジェット機です」というように、たとえを交えながら、楽しく。高学年なら「目標は何分にしますか？」と自分たちで目標タイムを決めさせるといいでしょう。

全員集合。終わりの挨拶をしましょう。

　片づけが残っている場合は、教師や体育係の子どもが残ってやります。

Column 1
子どもの関わり合いを生み出すために

　器械運動は、グループを組んで活動します。グループの中で、教え合いながら練習を進めていきます。ただ、グループの中には器械運動が得意な子と苦手な子がいます。苦手な子が得意な子に教えるというのは、なかなか難しいものです。

　そこで大事なのが「個人のめあて」を伝え合うこと。子どもたちには、個人のめあてをもたせるようにします。考えためあては、選択練習の前にグループの中で伝え合います。
　お互いの動きを見合うときには、その友だちのめあてとするポイントに注目し、助言するようにします。
　例えば、運動の得意な子が「側方倒立回転でまっすぐ回転するために、手をハの字につくこと」をめあてにしていたとします。ほかの子どもは、その子の手のつき方に注目します。そして「今のは、手が外に向いていたよ。もう少し内に向けるといいよ」という事実に即したアドバイスを伝えます。
　技が良くできているかいないかではなく、具体的なポイントに絞って助言する。これなら、苦手な子であっても得意な子に助言することができます。

　子どもの関わり合いを活性化させるためにも、個人のめあてをもたせておくことが必要といえるでしょう。

Chapter 2
マット運動編

マット運動は、器械運動全般の基礎ともいえます。マット運動でできるようになった動きが、鉄棒運動や跳び箱運動の技へとつながっていくのです。
正しい動きを身につけられるよう、1つずつ丁寧に指導していきましょう。

ここを押さえればうまくいく！ マット運動の指導法

　マット運動は、鉄棒運動や跳び箱運動と比べると、苦手に感じている子どもが少ないように思われます。

　それぞれの単元には、代名詞のような技があります。マット運動といえば、前転。鉄棒運動といえば、さかあがり。跳び箱運動といえば、開脚とび。

　さかあがりや開脚とびは苦戦する子どもが多いものですが、前転は多くの子が難なくできます。このハードルの低さが、マット運動への抵抗感を少なくしているのかもしれません。

　ただし、基本技ができていても、発展技でつまずいてしまう子が見られるのもマット運動の特徴です。基本技で正しい感覚を身につけていなければ、発展技の習得が困難になります。

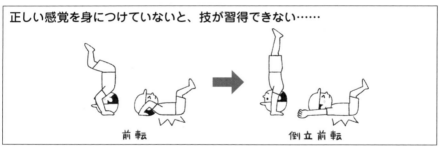

正しい感覚を身につけていないと、技が習得できない……

前転 → 倒立前転

　まずは感覚づくりの運動で十分に感覚を養います。「ゆりかご」が前転と後転、「かえるの足うち」が倒立と側方倒立回転の基礎になります。

ゆりかご→回転系　　かえるの足うち→倒立系

Chapter 2 ……**マット運動編**

　はじめはこの2つの動きを習得させ、少しずつ技へと変化させていくようにします。
　基本技が複数できるようになれば、組み合わせ技ができます。どの技も、つなぎ方さえ工夫すれば続けてできるようになります。「自分だけの組み合わせ技」がつくれるのもマット運動の面白さです。

　また、マット運動では子ども同士の衝突によるケガが多く見られます。特に、倒立や側方倒立回転に取り組む際は、前後の間隔を十分にあけてから取り組ませるようにしましょう。

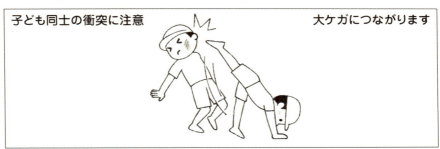

　マット運動は、技能の上手下手や、身長の高低差にかかわらず、みんな同じマットで練習できるという良さがあります。関わり合いの上手なグループを取り上げて、どんどんほめるようにしましょう。また、お互いに補助をし合ったり、ポイントを見合ったりして活動を進められるようにしましょう。

知っておきたい！
マット運動理論：目線理論

　マット運動には「回転系」と「倒立系」があります。
　回転系は、前転や後転のように、背中を丸めて回転します。回っている間はおへそを見るようにします。
　倒立系は、倒立や側方倒立回転のように、手をマットについて逆さまになって動きます。目線はマットを見るようにします。

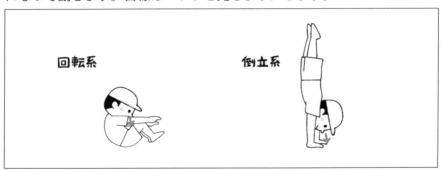

　いったいどうして、両者は見るところが異なるのでしょうか。
　実験をしてみましょう。三角座りをしてください。腕を胸の前で交差させて、アゴを胸にくっつけるようにして、腹筋運動をしてみます。
　できましたか？
　では、もう一度腹筋運動をします。今度は、アゴを上げてやってみましょう。上げたままを保って、腹筋２回！

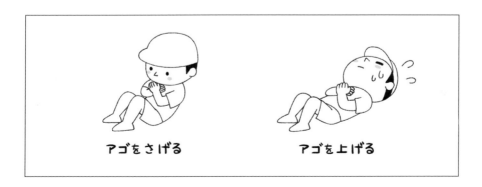

Chapter 2 ……**マット運動編**

　感覚に違いはありましたか？　アゴを上げると、腹筋がとてもつらかったはずです。

　アゴを下げた状態を腹屈姿勢といいます。体を丸める方向に力が入りやすくなるのです。
　アゴを上げた状態は背屈姿勢といいます。体を反らせる方向に力が入りやすくなります。

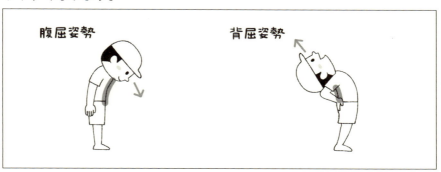

　マット運動の前転や後転は、体を丸めるので腹屈姿勢。だから、目線はおへそを見ます。
　一方で、倒立や側方倒立回転などは、体を反らせます。背屈姿勢をとるために、アゴを上げて床を見るようにしているのです。

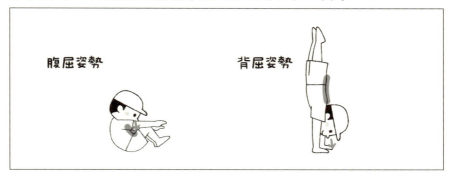

　じつは、目線の指導とは、姿勢をつくるために行っているのです。
　指導するときは、教える技が体を反らせる運動なのか、丸める運動なのかを捉えておくようにしましょう。

マット運動で指導する技一覧

前転系

① ゆりかご　　② 前ころがり　　③ 前転　　　　　④ やさしい場での開脚前転

← 低学年 →　　　　　　　　　← 中学年 →

⑤ 開脚前転　　　　⑥ やさしい場での伸膝前転　　⑦ 補助倒立前転

← 中学年 →
← 高学年 →

⑧ 倒立前転　　　⑨ とび前転

← 高学年 →

後転系

① ゆりかご　　　② 後ろころがり　　　③ 後転

← 低学年 →　　　　　　　　　　← 中学年 →

④ 開脚後転　　　⑤ 伸膝後転　　　⑥ 後転倒立

← 中学年 →
← 高学年 →

【低学年】（全8時限の場合）

第1限	第2限	第3限	第4限	第5限	第6限	第7限	第8限
オリエンテーション	前転系	前転系	後転系	後転系	倒立系	側方倒立回転系	発表会

Chapter 2 ……**マット運動編**

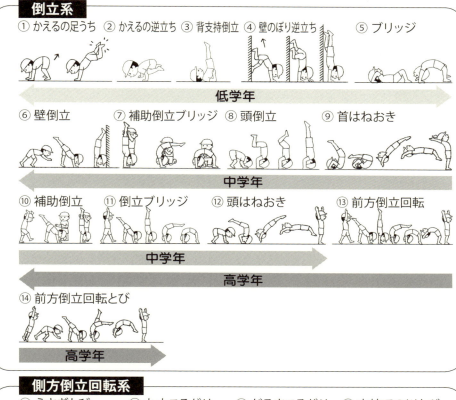

【中・高学年】（全8時限の場合）

第1限	第2限	第3限	第4限	第5限	第6限	第7限	第8限
オリエンテーション	前転系	後転系	倒立系	倒立系	側方倒立回転系	側方倒立回転系	発表会

これだけはそろえたい！
マット運動の準備物

★カラーマット（20枚）

＊マットの収納は、右の絵のように台車に積み上げるようにするといいでしょう。枚数が多い場合は危険ですので、2台に分けておくようにしましょう。

★ロングマット（4枚）

坂マットをつくるとき使用します。

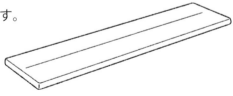

★ふみきり板（3台）

坂マットをつくるときマットの下に入れて使用します。

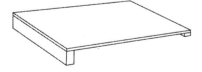

Chapter 2 ……**マット運動編**

★跳び箱（1段）

側方倒立回転の手順を学ぶときや、坂マットをつくるとき使用します。

★赤玉（10個）

玉入れ用の赤玉です。倒立や側方倒立回転で目線の位置を定めるために使用します。

★軍手（10枚）

倒立や側方倒立回転で手のつき場所を確認するために使用します。

マット運動の感覚づくり

これらの中からいくつか選び、5〜10分程度で感覚づくりの運動を行います。

感覚を身につける運動

グループのマットに分かれます。
2人で1枚のマットに座ります。

①だるまころがり

すねをもって転がります。ゴロゴロ転がって、また座ることができるかな？

②背支持倒立（東京タワー）

肘と肘を背中側でギュッと寄せて、手で腰を支えましょう。

③かえるの逆立ち（かえる倒立）

手は肩幅で床につきます。肘は外側に曲げて、曲げた肘の上に膝をのせます。そのまま前へ倒しましょう。

④かえるの足うち

両手をついて、足を上げます。足でパンパン拍手します。まずは1回。できる人は2回、3回と続けて。

⑤ブリッジ

耳の横に手をついてあお向けに寝ます。床を見るようにしてブリッジ。そのまま10秒止めてみましょう。

Chapter 2 ……**マット運動編**

バランス技

バランスをします。グラグラしないように気を付けて。
3秒止められたらOKです。みんなで一緒にやりましょう。

片手バランス　前方バランス　K字バランス　V字バランス　水平バランス

横水平バランス　パッセ　Z字バランス　コザック　Y字バランス

ゆりかご運動

①シンクロゆりかご

マットに座りましょう。ゆりかごをします。3回ふったらジャンプ！
ジャンプしたときに、同じグループの人とハイタッチします。
2分間練習。後で発表してもらいますよ。

競争あそび

①ゴロゴロリレー

マットの外側に並びます。1人ずつ、丸太ころがりで進みます。帰りはうさぎとびで。終わったら、次の人にタッチします。

②前転リレー

前転2回。帰りはうさぎとびで。終わったら、次の人にタッチ！　一番早く終わったグループが優勝です。

前転

技の動きと3ポイント

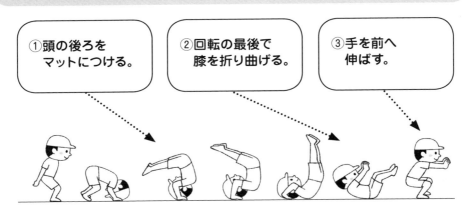

① 頭の後ろをマットにつける。
② 回転の最後で膝を折り曲げる。
③ 手を前へ伸ばす。

　手をついて軽くとび、頭の後ろをマットへつけるようにします。回転の後半から膝を曲げて加速。手は前へまっすぐ伸ばします。そうすると体重が前にかかり、立ち上がりやすくなるのです。
　頭をこえた後の動きは、ゆりかごで習得できます。ゆりかごを丁寧に教えましょう。

場づくり

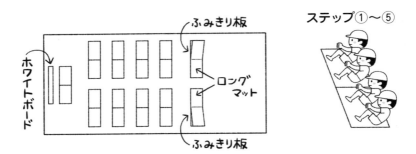

Chapter 2 ……マット運動編

できるようになるための5ステップ

ステップ① 三角座り起き上がり

三角座りをして、後ろに倒れて起き上がりましょう。

ステップ② 手をはなして三角座り起き上がり

三角座りで手をはなす。後ろに倒れて起き上がりましょう。

ステップ③ ゆりかご

膝を伸ばして曲げる。大きなゆれをつくりましょう。

ステップ④ ゆりかご立ち

ゆりかごから立ち上がってみましょう。手は前へ出して。

ステップ⑤ ゆりかごジャンプ

ゆりかごで立った後、すぐにジャンプしましょう。

補助のしかた

立ち上がれない子がいる場合、教師はその子の前方へしゃがみます。子どもが起き上がるタイミングに合わせて手を引き、起き上がりを助けます。

前転

よくある失敗とアドバイス

失敗❶ 背中からバーンと倒れてしまう

頭のてっぺんがつくと、背中から倒れてしまいます。頭の後ろをマットへつけるようにしましょう。

失敗❷ 手をついてしまう

マットに手をつくと、後ろに倒れてしまいますよ。手は前へピーンと伸ばしましょう。

失敗❸ 勢いがつかない

膝が曲がりっぱなしになっています。はじめは伸ばして。回転の最後に、かかとでおしりをたたくように曲げましょう。

どうしてもできないときは、この道具！

道具① 起き上がれないとき
…フラフープ

手を前へ出して、フラフープをつかんで立ちましょう。

道具② 立ち上がれないとき
…跳び箱1段＋長机

長机で坂をつくり、前転します。回転のイメージをもちましょう。

Chapter 2 ……**マット運動編**

できた人は挑戦しよう！ 発展技

開脚前転

● 3ポイント

①足は閉じたまま。
②すばやく足を開く。
③腰を深く折り曲げる。

　足を伸ばしたまま開き、手をついて立つ。子どもたちはこの動きに慣れておらず苦戦します。まずは、ゆりかごや背支持倒立から開脚で立てるようにします。足はギリギリまで閉じておき、最後にパッと開くようにすると勢いがつきます。手とかかとを同時につけて、腰をグッと前へ折り曲げるようにしましょう。

● 5ステップ

①腰の伸びた前転	②開脚でおしり浮かせ	③ゆりかごから開脚おしり浮かせ	④背支持倒立から開脚立ち	⑤坂マットで開脚前転

こんな技もあるよ！ その他の発展技

前転ひねり

足をクロスさせて、反対向きに起き上がります。

前から見た図

前転片足立ち

前転の後、片足で立ちます。片足を勢いよく曲げましょう。

後転

技の動きと3ポイント

①おしりを遠くにつく。

②背中を勢いよく倒す。

③両手でマットを押す。

　しゃがんだ状態から足でマットをけり、おしりを遠くへつけます。おしりがついたら背中を勢いよく倒し、両手でマットを押して立ちます。頭をこえるためには、ある程度のスピードが必要です。とはいえ後転には、「見えないところへ進んでいくこわさ」があります。まずはゆりかごで、手のつき方と背中の倒し方を習得します。

場づくり

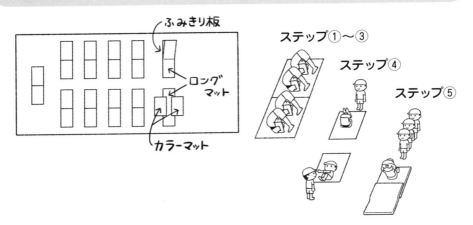

Chapter 2 ……マット運動編

できるようになるための5ステップ

ステップ① 三角形の手

手のひら、親指と人差し指で三角形をつくります。頭の後ろに合わせましょう。先生が見て回りますよ。

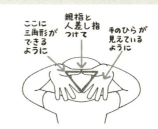

ステップ② ゆりかご手タッチ

ゆりかごをします。手のひらでマットをさわりましょう。

ステップ③ ゆりかご足つけ

ゆりかごで、つま先を頭の後ろの床につけましょう。3回やります。

ステップ④ ゆりかご立ち上がり

ゆりかごから手でマットを押して立ち上がりましょう。3回目のゆりかごで立ちます。

ステップ⑤ マット半分かぶせ後転

マットを半分重ねます。重ねたマットの上におしりがつけられるよう、マットをけりましょう。

補助のしかた

回る前に、手の形がきちんとできているかどうかを確認します。教師は子どもの横に立ち、両手で子どもの腰を持ち上げます。上へ引っ張り上げるようにして回転を助けます。

後転

よくある失敗とアドバイス

失敗❶ 回転が止まってしまう

回転が遅いですね。足でグッとマットをけって、30cm後ろにおしりをつけましょう。

失敗❷ 頭をこえられない

見るところは、おへそ。頭をグッと丸めて、勢いよく背中を倒してみましょう。

失敗❸ ななめに回転してしまう

両手をつかって同じ強さで押し返しましょう。ゆりかごで、手の形を確認しましょう。

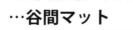

どうしてもできないときは、この道具！

道具① 勢いがつけられないとき
…ぼうし

マットの真ん中にぼうしを置きます。ぼうしをおしりでふめるようにしましょう。

道具② 首が横にゆがんでしまうとき
…谷間マット

マットを並べて谷間をつくり、後転をしましょう。両手でグッとマットを押します。

Chapter 2 ……マット運動編

できた人は挑戦しよう！ 発展技

伸膝後転

● 3ポイント

①腰を折り曲げ手をつく。
②腰がマットについたら上体を倒す。
③腰を上げ、手の近くに足をつける。

　はじめは膝を伸ばし、腰を折り曲げながら後ろに倒します。腰がマットについたら上半身を倒し、スピードをつけて転がります。腰を引き上げ、手の近くへ足をつけるようにして立ちます。まずは開脚後転で、膝を伸ばした回転に慣れます。十分に伸ばせるようになったら伸膝後転に挑戦し、足と手の距離を徐々に縮めていくようにします。

● 5ステップ

①膝伸ばしゆりかご	②膝伸ばし開脚後転	③足を手に近づけて立ち上がる	④坂マットで途中から膝を伸ばす伸膝後転	⑤坂マットで伸膝後転

こんな技もあるよ！ その他の発展技

後転片足立ち

後転の最後に片足で立ちます。どちらの足でも立てるようにしましょう。

後転ジャンプひねり

後転した後、すぐにジャンプして、反対側を向きます。

壁倒立

技の動きと3ポイント

①手はバンザイから。

②壁と手の距離は手のひら1つ分。

③目線と手で三角形をつくる。

見るところ

肩幅と同じくらいの幅

　倒立系の運動は、すべてバンザイから始めます。できるだけ高いところからふりおろしたほうが大きな勢いになるからです。上体のふりおろしに合わせて足をけり上げます。顔は手と手の間を見続けるようにして、手と目線で三角形をつくります。

　手と壁の幅も重要です。近すぎるとはね返りますし、遠すぎるとつぶれてしまいます。手と壁の幅は、手のひら1つ分程度にしましょう。

場づくり

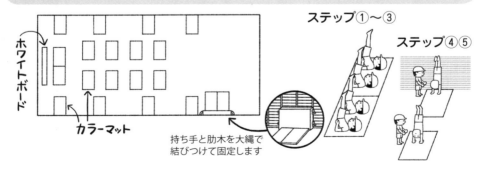

ステップ①〜③

ステップ④⑤

ホワイトボード

カラーマット

持ち手と肋木を大縄で結びつけて固定します

Chapter 2 ……**マット運動編**

できるようになるための5ステップ

ステップ① 背支持倒立

肘と肘を寄せるようにして、腰を伸ばします。

ステップ② かえるの足うち

かえるの足うちをします。はじめは1回。できる人は、2回、3回たたきましょう。

ステップ③ 立ち姿勢からかえるの足うち

立っているところから、かえるの足うちをします。手はバンザイから。

ステップ④ 壁のぼり逆立ち

マットを1枚壁へ運びます。足で壁をけってのぼり、おなかを壁につけた逆立ちをします。

ステップ⑤ セーフティマットで壁倒立

セーフティマットで壁倒立をします。痛くないので、思い切って足をけり上げましょう。

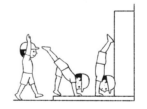

補助のしかた

　教師は、子どものけり上げ足の側に立ちます。片手で太ももを持ち上げます。もう片方の手で肩を持ち、前へ崩れないように支えます。

壁倒立

よくある失敗とアドバイス

失敗 ❶ 足が上がらない

畑でクワをふりおろすときは、より高いところからおろしたほうが強くなります。それと同じように、手はバンザイから始めましょう。

失敗 ❷ 遠くから始めてしまう

手を遠くにつくと、足が上がらなくなります。もう一歩前へ進んだところから始めましょう。

失敗 ❸ アゴを引いてしまう

じーっと手の間を見ましょう。始めから終わりまで見えていたらOK！目印に赤玉を置くようにします。

どうしてもできないときは、この道具！

道具① 倒立になれないとき
…肋木

肋木に足をかけてのぼり、倒立をしてみましょう。だんだん高さを上げていきましょう。

道具② 勢いがつけられないとき
…ふみきり板

マットの下にふみきり板を置いてみましょう。勢いが増します。

Chapter 2 ……マット運動編

できた人は挑戦しよう！ 発展技

倒立ブリッジ

● 3ポイント

①手はバンザイから。
②背中を反らす。
③目はマットを見たままで。

　倒立の後、足先だけを前に進めます。マットを見たまま体を反らせ、ブリッジをします。ブリッジそのものの余裕が必要です。手足を十分に近づけられるようにしてから取り組みます。友だち同士で補助し合いながら練習を進めていきましょう。

● 5ステップ

①補助倒立　②ブリッジ手足近づけ　③頭倒立　④頭倒立からブリッジ　⑤補助倒立ブリッジ

こんな技もあるよ！ その他の発展技

倒立前転

倒立から前へ倒れ始めたら、腕を曲げて前転して立ちましょう。おへそを見ます。

前方倒立回転

倒立ブリッジから、すぐに起き上がります。できるだけ手の近くへ足をつけられるようにしましょう。

側方倒立回転

技の動きと3ポイント

①手手足足の順で。トトーントントン。

②手はハの字につく。

③手と手の間を見る。

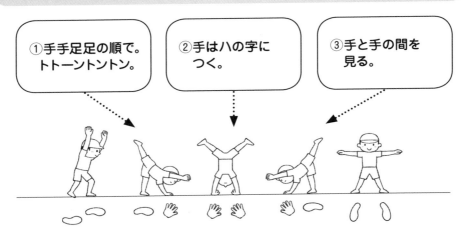

　一般的に「側転」と呼ばれている技です。正しくは「側方倒立回転」。名前の通り、横向きの倒立になり回転する技です。まずはかえるの足うちから始めて、手足のつく順番を覚えます。それから徐々に足のけり上げを大きくして腰の高さを上げていきます。手足をつくリズムは「トトーントントン」で。

場づくり

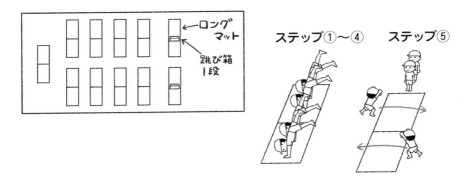

Chapter 2 ……**マット運動編**

できるようになるための5ステップ

ステップ① かえるの足うち

かえるの足うちをします。はじめは1回。できる人は、2回、3回たたきましょう。

ステップ② 支持での川とび

手はそのままの位置。左右にピョンピョンとんで、足だけを動かしましょう。

ステップ③ ゾウ

片足をけり上げて、同じ足で着地します。高く上げ、横向きに立ちましょう。

ステップ④ ゾウ足入れかえ

逆さまになっている間に、けり上げた足を入れかえて横向きに立ちます。

ステップ⑤ 腕立て横とびこし

ひざを伸ばした川とびでマットをわたります。体の正面はいつも、並んでいる友だちのほうへ向けます。

補助のしかた

教師は子どもの背中側に立ち、子どもの腰をはさみこむようにして持ちます。回転が足りない子には勢いを加えます。進む方向がおかしい子には、正しい方向へ進むように修正します。

側方倒立回転

よくある失敗とアドバイス

失敗❶ 手足の順が分からない

かえるの足うちから順番にやり直しましょう。小さな動きでいいので、正しい順につきましょう。

失敗❷ ゆがんだ向きで立ってしまう

手の向きが、外側を向いています。内側を向けて、ハの字にしましょう。

失敗❸ 失速してしまう

手はバンザイから。壁倒立のように、勢いよくけり上げましょう。

どうしてもできないときは、この道具！

道具① 手足の順が分からないとき
…跳び箱1段

跳び箱に手をつき、手手足足の順を確認しましょう。

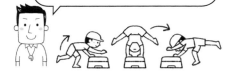

道具② 下を見ることができないとき
…赤玉

赤玉をマットの中心に置きます。手をつくときから、手がはなれるまでずっと見ていましょう。

Chapter 2 ……マット運動編

できた人は挑戦しよう！ 発展技

ロンダート

● 3ポイント

①ホップしてバンザイ。　②両手を同時につく。　③両足同時に立つ。

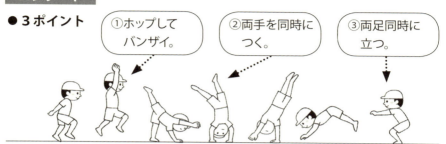

　側方倒立回転から少しずつ変化させて習得します。まず、側方倒立回転から両足を合わせて立てるようにします。次に「ホップ」を覚えます。ホップとはバンザイしながら片足を上へ曲げてとび上がる動きのこと。スキップしながら腕を上げ下げすることにより、ホップの動きを習得します。ホップから側方倒立回転両足合わせ立ちをすれば、ロンダートの完成です。

● 5ステップ

①体を伸ばして側方倒立回転	②側方倒立回転後ろ向き立ち	③側方倒立回転両足そろえ	④側方倒立回転両足合わせ立ち	⑤ホップ側方倒立回転

こんな技もあるよ！ その他の発展技

片手側方倒立回転

片手をはなして側方倒立回転をします。勢いよく上半身をふりおろしましょう。

ロンダートひねり

ロンダートで前を向いて立ちます。両手を前向きにつけましょう。

マット運動の連続技

前転から始まる連続技

前転→開脚前転

前転ひねり→後転

前転片足立ち→倒立前転

前転片足立ち→側方倒立回転

後転から始まる連続技

後転→開脚後転

後転ジャンプひねり→前転

後転片足立ち→倒立前転

後転片足立ち→側方倒立回転

Chapter 2 ……**マット運動編**

倒立から始まる連続技

倒立前転→開脚前転

倒立前転ひねり→後転

前方倒立回転→倒立前転

倒立前転片足立ち→側方倒立回転

側方倒立回転から始まる連続技

側方倒立回転前向き立ち→開脚前転　　側方倒立回転両足そろえ→後転

側方倒立回転→倒立前転

側方倒立回転→片手側方倒立回転

Column 2
後転と髪型

　中学年の子どもたちと、マット運動に取り組んでいたときのことです。
　女子数人が、後転の習得に苦戦していました。おしりをつく位置はOK。背中を倒すスピードもバッチリ。それなのに、起き上がりのところで頭を下げたままモゾモゾとしてしまい、立ち上がれないのです。
　いったいどうしてなんだろう。
　彼女たちの動きを観察していると、気になる点が見つかりました。
　「あれ、もしかして……髪の毛、つかんでる!?」
　ある子の髪は、背中までありました。2つくくりにしている子もいます。それが邪魔になっているように見えたのです。
　私は、髪の毛を1つにくくるように言いました。
　マットにしゃがんで、再チャレンジ。
　クルン！
　「できた！」
　スムーズに起き上がれるようになりました。何とそれまでは、起き上がるときに髪をつかんでしまっていたのです。よく見れば気付くことなのに、これは盲点でした。
　前転も倒立・側方倒立回転も、前方に手をつきます。頭部との距離が遠いので、髪の毛をつかんでしまうようなことはほとんどありません。
　しかし、後転系は耳元に手をつきます。手と頭部との距離が近いのです。肩より髪が長ければ、ほぼ確実に髪の毛をつかんでしまうことになります。
　それからというもの、器械運動の授業では、特に髪に気を付けるようにしています。髪のゴムはまとめて売っています。1セット用意しておけば、忘れた子がいたときでも安心です。
　安全のため、そして技ができるようになるためにも、髪型や服装などには十分注意していかなくてはいけませんね。

Chapter 3
鉄棒運動編

鉄棒運動がほかの種目と違うのは、いつでも練習できる環境が整っていること。
できる喜びを感じられた子どもは、休み時間も友だちと連れ立って練習しに行くようになります。
「鉄棒ブーム」の到来です。
授業の中で「できる」体験をたくさん積ませて、鉄棒ブームを巻き起こしましょう。

ここを押さえれば うまくいく！ 鉄棒運動の指導法

　器械運動の中で、もっとも指導が難しいのが鉄棒運動だといえるでしょう。「さかあがりの練習をしていたはずなのに、気付けば木陰で休んでいる……」などという事態があり得ます。

　子どもたちが鉄棒運動を嫌がる理由は主に2つ。「痛み」があること。そして、「できない」ことです。

　まず「痛み」への対策として、補助具を利用するようにします。かかえこみ回りや足かけ系の技では、鉄棒カバーという道具を使います。

　また、1時限ずっと同じ体の部分を使うことがないようにします。鉄棒運動は、肘・おなか・手のひら・膝のいずれかをかけて行うもの。かたよりが出ると、痛くて続けられなくなってしまいます。例えば、さかあがりに取り組むのであれば、感覚づくりの運動では「ふとんほし」や「こうもり」の時間を多くとります。できるだけ痛みを分散させるようにしましょう。

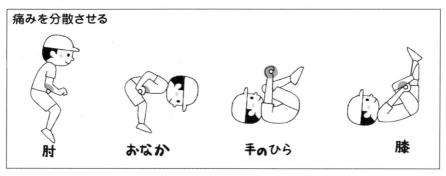

「できる」を感じさせるために、はじめはおり技から練習するといいでしょう。さかあがりなどの上がり技は難しいものです。体を上昇させるためには、重力にさからうパワーが必要となるからです。なかなかできるようになりません。

しかし、ふりおりやまたぎこしおりなどのおり技は、大きな力を必要としません。コツさえつかめばすぐにできるようになります。

感覚づくりの運動でいくつかのおり技に取り組み、「できた」「ほかの技もやってみたい」という意欲をもたせるようにしましょう。

また、「できる」ようになるために大切なのは、子ども同士の補助です。鉄棒運動は、鉄棒を中心にして技を行います。移動が少ないため、ほかの単元に比べて子ども同士の補助がしやすいという良さがあるのです。技のポイントとともに、補助の仕方まで教えるようにしましょう。「技を行う」→「補助する」→「見てアドバイスする」というように、グループの中でローテーションを決めておくとスムーズです。

知っておきたい！
鉄棒運動理論：ふりこ理論

鉄棒運動には、「懸垂系」と「支持回転系」の運動があります。
懸垂系は、鉄棒にぶらさがって技を行います。
支持回転系は、腕で体を支えて鉄棒近くで回転します。
小学校で主に扱うのは低鉄棒。ぶらさがることは困難です。したがって、支持回転系の運動を教えていくことになります。

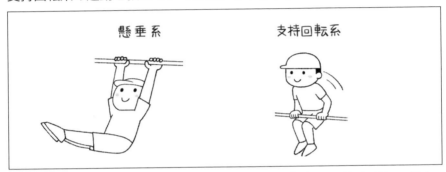

では、支持回転系とは、どのような構造で回転しているのでしょうか。理科の実験道具「ふりこ」で考えてみましょう。

今、ふりこがブラブラと、大きく左右にふれているとします。この玉には触れずに、玉を回転させてください。どうすればいいのか分かりますか？

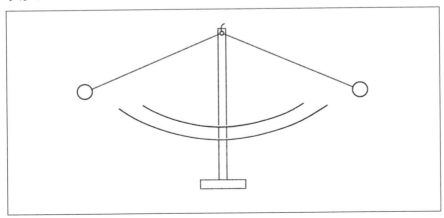

正解は、玉が真下を過ぎたあたりからヒモを引き上げるようにするのです。ヒモを引くとふりこの回転半径が短くなり、円周も短くなります。玉の移動距離が短くなるので速度が増し、グルグルと回転することになるのです。

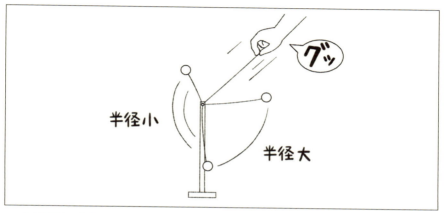

　支持回転系も、これと同じ構造で回転しています。はじめは回転半径を大きくします。「体を前にのり出す」「足を大きくふる」などの動きがそれにあたります。
　真下を過ぎたところから回転半径を縮めるようにします。回転半径を縮めるためには、体を小さくする必要があります。このときの動きが、「アゴをしめる」「膝を曲げる」「腰を曲げる」などになるわけです。
　そして、回転し終えたところでもう一度回転半径を大きくすれば、連続で回転することも可能になります。

　支持回転運動は、回転半径の伸縮を利用して動いているのだといえます。カギになるのは、頭が真下にきたとき。ここでギュッと体を小さくすることが成功への近道だといえるでしょう。

鉄棒運動で指導する技一覧

後方支持系

① 足ぬき回り　　　　② 補助さかあがり　　③ かかえこみ後ろ回り

← 低学年　　　　　　　　← 中学年

④ さかあがり　　　⑤ 後方支持回転　　　⑥ 後方伸膝支持回転

← 中学年 →
← 高学年 →

前方支持系

① ふとんほし　　　② 前回りおり　　　　③ かかえこみ前回り

← 低学年 →
　　　　　　← 中学年 →

④ 前方支持回転　　　　　　⑤ 前方伸膝支持回転

← 中学年 →
← 高学年 →

【低学年】（全8時限の場合）

第1限	第2限	第3限	第4限	第5限	第6限	第7限	第8限
オリエンテーション	後方支持系	後方支持系	前方支持系	前方支持系	前方足かけ系	前方足かけ系	発表会

Chapter 3 ……鉄棒運動編

前方足かけ系

① 膝かけふりあがり　② 前方片膝かけ回転　③ 膝かけあがり

中学年

高学年

④ 前方ももかけ回転　⑤ ももかけあがり

中学年

高学年

後方足かけ系

① 後方片膝かけ回転　② 後方ももかけ回転

中学年

高学年

その他の技

① こうもり　② ぶたの丸焼き　③ さる　④ ツバメ　⑤ とびあがり・とびおり

低学年

⑥ 転向前おり　⑦ 両膝かけ倒立おり　⑧ 片足ふみこしおり　⑨ 両膝かけ振動おり　⑩ 横とびこしおり

中学年

高学年

【中・高学年】（全8時限の場合）

第1限	第2限	第3限	第4限	第5限	第6限	第7限	第8限
オリエンテーション	後方支持系	前方支持系	前方・後方支持系	前方足かけ系	後方足かけ系	前方・後方足かけ系	発表会

77

これだけはそろえたい！
鉄棒運動の準備物

★ジョイントマット（10枚）

鉄棒の下には落下したときの衝撃を防ぐものを敷きます。便利なのがジョイントマットです。ジョイントマットは軽いので、1人でも運ぶことができます。薄いので、収納も便利です。右のような箱につめて保管するといいでしょう。

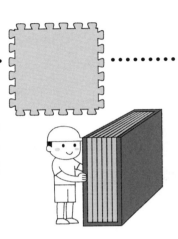

★ふみきり板（2台）

坂をつくるときに使用します。体育倉庫に保管しましょう。

★ラインカー（1台）

鉄棒から1m離れたところに1本線を引きます。水線でも代用可能です。

★鉄棒カバー（15本）

かかえこみ回りや膝かけあがりの練習で使用します。特に、かかえこみ回りには必須です。横幅が広く、分厚いものだと痛みなく練習することができます。鉄棒カバーは、箱に入れて保管します。

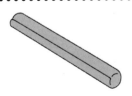

Chapter 3 ……鉄棒運動編

以下のものは、まとめて箱や袋に入れて管理するといいでしょう。

★タオル（15枚程度）

支持回転系の技の練習に使用します。薄手の素材で、スポーツタオルの大きさが適しています。グループで1枚使用します。

★靴下ガード（4枚程度）

靴下の先をカットすれば、「靴下ガード」のできあがり。肘に装着すればかかえこみ回りの痛みを、膝に付ければ膝かけ系の技の痛みを緩和します。日よけ用のアームカバーでも代用可能です。

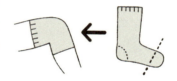

膝プロテクター

★ゴムひも（4本）

さかあがりの練習で使用します。パンツ用のゴムひもです。1mずつに切っておきましょう。

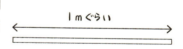

1mぐらい

★うちわ（2枚程度）

後方への回転の目印として使用します。

★自転車用チューブ

タオルの代わりや膝かけあがりの練習で使用します。自転車屋さんで入手できます。

鉄棒運動の感覚づくり①
固定施設をつかったあそび（低学年）

低学年は、固定施設をつかったあそびから始めます。

うんてい

①うんていジャンケン

2つのチームに分かれて、端からぶらさがって進みます。近づいたら、足でジャンケン。負けたチームはおりて、勝ったチームは進みます。相手の陣地までたどりついたチームの勝ち。

のぼり棒

①のぼり棒ジャンケン

グループごとに並びます。ペアグループととなり合わせに座ります。のぼり棒につかまって、ジャンケン。負けたら交替します。

②いろいろなぶらさがり方

のぼり棒で、いろいろな止まり方をしてみましょう。

③足ぬき回り

足ぬき回りをします。できない人は、3回挑戦したら次の人と交替します。

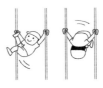

④上までのぼる

上まで行ってきて、棒をタッチしたらおります。のぼれない人は、20秒つかまります。

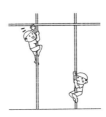

Chapter 3 ……鉄棒運動編

鉄棒運動の感覚づくり②
鉄棒をつかった運動

これらの中からいくつか選び、5～10分程度で感覚づくりの運動を行います。

ジャンケンあそび

①ふとんほしジャンケン

ふとんほしをしながら、ペアグループの人とジャンケン。負けた人は交替しましょう。

②ぶたの丸焼きジャンケン

ぶたの丸焼きをしながら、ペアグループの人とジャンケン。負けた人は交替しましょう。

③こうもりジャンケン

こうもりをしながら、ペアグループの人とジャンケン。負けた人は交替しましょう。

④ツバメジャンケン

ツバメをしながら、次に並んでいる人とジャンケン。負けた人は交替しましょう。

リレーあそび

①ダンゴムシリレー

ダンゴムシで我慢して、おでこが鉄棒より下になったら次の人と交替。最後まで残ったチームが優勝です。

②連続前回りリレー

前回りを3回したら、次の人と交替。全員終わったら、座って「ハイ！」と手を挙げましょう。

競争あそび

①連続前回り10秒競争

10秒の間、何度も続けて前回りをします。何回できるでしょうか。1人ずつやりましょう。

②自転車こぎ10秒競争

10秒の間、自転車こぎをします。何回こげるでしょうか。

③ふりおり競争

ふりおりをします。グループの中で遠くまでとぶ勝負をしてみましょう。

④前回り着地競争

前回りおりをします。腕を曲げたまま我慢して、できるだけ遠くに着地しましょう。

簡単な技の連続

技を続けてやってみましょう。先生の笛の音に合わせて、1人ずつやります。

①とびあがり→ツバメ→前回りおり

②とびあがり→自転車こぎ10回→ふりおり

Chapter 3 ……鉄棒運動編

鉄棒運動の感覚づくり③
鉄棒運動のおり技

下の中から1〜2個の技を行います。

①ふりおりひねり

鉄棒で反動をつけて後ろにとびます。片手をグッと押して、後ろ向きに立ちましょう。

②またぎこしおり

鉄棒をまたいでおります。かけている足のほうの手を逆手にしてからまたぎます。

③片足ふみこしおり

片足を鉄棒にのせます。のせている足と反対側の手を逆手にします。のせていない足をはね上げるようにしてふみこします。

④両膝かけ倒立おり（こうもり倒立おり）

足ぬき回りの途中で、両膝を鉄棒にかけます。両手をはなして、地面につけます。手で歩いて前へ進みましょう。これ以上進めないところで、足をはなしております。

⑤両膝かけ振動おり（こうもりふりおり）

両膝を鉄棒にかけて、体をふります。腕と上半身で反動をつけます。顔が前を向いたところで、足をはなして立ちます。

さかあがり

技の動きと3ポイント

①足は鉄棒の真下より一歩前へ。

②後方ななめ上へけり上げる。

③脇をギュッとしめて、肘は曲げたまま。

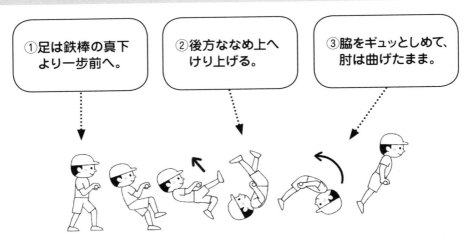

　鉄棒の真下より一歩前へふみ出したところから始めます。前の足を少し浮かせて、ふみこんで反動をつけ、後方ななめ上へけり上げます。脇を開けず、肘を曲げたままにして保ちます。

　「懸垂で我慢する力」と「けり上げる力」の両方がそろってできるようになる技です。1人でできることにこだわらず、タオルや補助付きでできるようになったら「かかえこみ後ろ回り」にも挑戦していきましょう。

場づくり

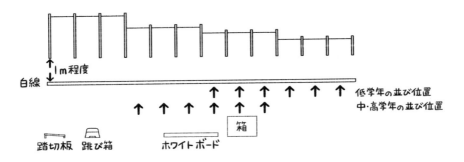

Chapter 3 ……鉄棒運動編

できるようになるための5ステップ

ステップ① 足ぬき回り

足をけり上げて回ります。できれば、鉄棒に足をつけずにやってみましょう。

ステップ② 3秒みのむし

肘を曲げてぶらさがります。3秒耐えられたらOK。脇をギュッとしめて。

ステップ③ タオルさかあがり

タオルをにぎってさかあがり。回転する感じを覚えましょう。

ステップ④ 坂さかあがり

坂をけってさかあがり。ける回数を少なくしましょう。できれば1回で。

ステップ⑤ 補助さかあがり

友だちに補助してもらってさかあがり。だんだん補助の手を弱めてもらいましょう。

補助のしかた

　足が上がらない子の場合は、けり上げ足の側に立ち、膝を鉄棒の上へ持ち上げます。足がある程度上がる子のときは、腰と鉄棒がはなれないように腰を支え続けます。

さかあがり

よくある失敗とアドバイス

失敗❶ ける方向が悪い

走って勢いをつけたらダメです。鉄棒より1歩前へ足を出しておき、そこからけり上げましょう。

失敗❷ 足が上がらない

ぼうしを持ってもらい、地面に両手をついてぼうしをけります。足の上げ方を覚えましょう。

失敗❸ 肘が伸びてしまう

脇にハンカチをはさんでいると思って力を入れてみましょう。まずはダンゴムシで1秒足を浮かせます。できれば2秒。

どうしてもできないときは、この道具！

道具① さかさまになれないとき
…のぼり棒×ゴムひも

のぼり棒の間にゴムひもを張って足ぬき回りをします。けり上げ方を覚えましょう。

道具② けり上げる方向が悪いとき
…うちわ

鉄棒の真上にうちわを用意します。ここを目がけてキックしましょう。

Chapter 3 ……鉄棒運動編

できた人は挑戦しよう！ 発展技

後方支持回転（後ろ回り）
● 3ポイント

① 1、2、3のリズムで足をふる。
② 鉄棒がおなかにつくと同時に肩を倒す。
③ 手首を返して体を起こす。

　まず、かかえこみ後ろ回りができるようにします。肘を鉄棒にかけてふり、足を前へふり上げながら膝をつかみ、背中を倒せば回転します。これが十分にできるようになってから、後方支持回転の練習を始めます。鉄棒がおなかにつく瞬間に腰を曲げるとスムーズに回転できます。徐々にふりを大きくし、次第に膝を伸ばして行えるようにします。手がはなれて落下する危険性のある技なので、はじめは必ず補助付きで練習しましょう。

● 5ステップ

①肘かけふり	②肘かけふりから膝つかみ	③かかえこみ後ろ回り	④タオル後ろ回り	⑤補助後ろ回り

こんな技もあるよ！ その他の発展技

片足かかえこみ後ろ回り

片膝を両手でつかんで回りましょう。

後方伸膝支持回転

膝を伸ばして後ろ回りをします。

かかえこみ前回り

技の動きと3ポイント

①前に大きく のり出す。

②鉄棒をはなし、ももの後ろをかかえこむ。

③頭・腰・膝を曲げて小さくなる。

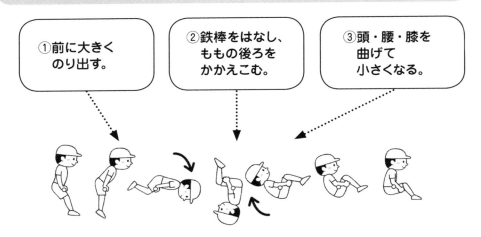

　支持から大きく前に回転しながら手をはなし、ももの後ろをかかえこみます。肘と手首のちょうど真ん中あたりを鉄棒にのせて回転します。そのままやると痛いので、「鉄棒カバー」を取り付けて行います。まずはブランコを何回も繰り返し、膝曲げのタイミングを覚えます。ブランコが安定してきたら、助走や補助で回転に挑戦します。

　膝の曲げ伸ばしを繰り返すことで、何回も続けて回転できるようになります。できるようになった子は、連続して回ったり、持ち手を組み替えたりするといいでしょう。

場づくり

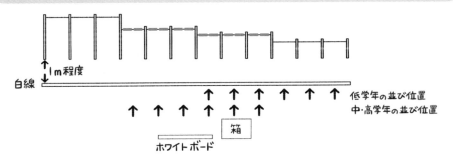

Chapter 3 ……鉄棒運動編

できるようになるための5ステップ

ステップ① ふとんほしふり

ふとんほしをします。体を少しふって動かしてみましょう。

ステップ② 腕のせふり

肘を曲げます。鉄棒の上に肘をのせて、膝を曲げてふりましょう。

ステップ③ ブランコ

腕のせふりから、ふとんほしへ倒して、何回もふります。膝を曲げ伸ばしして、徐々にふりを大きくしましょう。

ステップ④ ダッシュかかえこみ前回り

肘にのる感覚が分かったら、助走をつけてやりましょう。走って鉄棒にのり、反動をつかって回ります。

ステップ⑤ 補助かかえこみ前回り

友だちに背中をグンと押し上げてもらい、かかえこみ前回りをします。

補助のしかた

　鉄棒の下を過ぎたところで、子どもの背中を持ち上げるようにして押し上げます。脇が開いていると胸を鉄棒に強く打ちつけてしまうことがあるので、「脇をしめて」と確認しながら補助しましょう。

かかえこみ前回り

よくある失敗とアドバイス

失敗❶ 胸から落ちてしまう

脇をギュッとしめて。脇にハンカチをはさむようなイメージでくっつけましょう。

 ×

 ○

失敗❷ 腰を曲げるタイミングが早い

体が倒れている間、前にいる友だちをじっと見ておきます。頭が真下まできたら、おじぎをするように腰を曲げましょう。

 ×

 ○

失敗❸ 膝が曲がらない

かかとでおしりをたたくくらい、ギュンと膝を曲げましょう。

 ×

 ○

どうしてもできないときは、この道具！

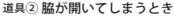

道具① 曲げ伸ばしのタイミングが分からないとき…鉄棒カバー

鉄棒カバーを肘と膝の間にはさんで、ゆりかごをします。起き上がるときに膝を曲げましょう。

道具② 脇が開いてしまうとき …二連鉄棒カバー

鉄棒カバーを2つ使ってやってみましょう。これなら脇が開いてしまっても痛くありませんよ。

Chapter 3 鉄棒運動編

できた人は挑戦しよう！ 発展技

前方支持回転（空中前回り）

● 3ポイント

①前を見て「く」の字を保ったまま大きく体を倒す。
②頭が真下を通り過ぎたら、腰・頭・膝を曲げる。
③手首を返す。

かかえこみ前回りで膝や腰を曲げるタイミングを覚えてから取り組みます。腰をやや折り曲げて平仮名の「く」の字の姿勢をつくります。その姿勢を保ちながら前へ倒していきます。頭が鉄棒の真下にきたところで体を小さく丸めます。回転したら手をにぎり直して支持になります。

● 5ステップ

| ①足をついて連続前回りおり | ②連続かかえこみ前回り（3回） | ③肘のび胸はりから前回りおり | ④タオル空中前回り | ⑤補助空中前回り |

こんな技もあるよ！ その他の発展技

片足かかえこみ回り

両手で片足をかかえこむようにして回ります。

クロスかかえこみ回り

手を交差させて、膝の後ろをかかえこみ回ります。

膝かけふりあがり

技の動きと3ポイント

①ふり足と肩を動かす。

②上体を鉄棒へ近づける。

③鉄棒を押さえももにかける。

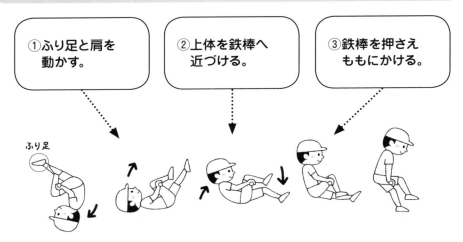

　鉄棒に、きき足をかけます。「サッカーボールをけるほうの足をかけます」と伝えるといいでしょう。ふり足と肩を動かし、徐々にふりを大きくします。3回目のふりで肘を曲げ、上体が鉄棒近くを通るようにすると、体が上昇します。鉄棒を押さえ、ももにかけて止まります。友だち同士で「いーち、にーい、さーん！」と声をかけ合いながら練習を進めていきます。

場づくり

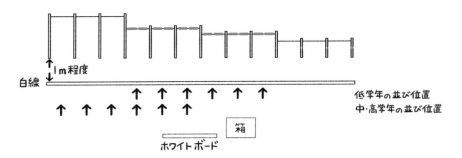

Chapter 3 ……**鉄棒運動編**

できるようになるための5ステップ

ステップ① 両膝かけふり

両膝をかけて小さくふりましょう。タイミングに合わせて、肩を動かします。

ステップ② 片膝かけふり

片膝をかけてふります。
ふり足を大きく動かしましょう。

ステップ③ 膝かけとびのり

足がつくくらいの低い鉄棒で、とびのります。鉄棒をももにかけましょう。

ステップ④ 上から膝かけふり

鉄棒の上からおろして、
足をふります。

ステップ⑤ 補助膝かけふりあがり

補助する人は、膝を下げながら
背中を押し上げましょう。

補助のしかた

　教師はふり足の側に立ち、ふり足を下に押し下げつつ、背中を押し上げます。上がった勢いで前方へ倒れてしまう子がいるので、上がった後は肩を支えます。

膝かけふりあがり

よくある失敗とアドバイス

失敗❶ ふりのタイミングが合わない

肩とふり足を同時に動かします。頭が鉄棒の下を通るタイミングで。

失敗❷ ふりが大きくならない

ふり足のかかとを遠く出してみましょう。「かかと落とし」をするように。

失敗❸ ふれているけどのぼれない

腕を伸ばし、胸をはって鉄棒を押さえます。まずは低い鉄棒でのる練習をしてみましょう。

どうしてもできないときは、この道具！

道具① 上へのぼれない
…自転車チューブ

自転車チューブにふり足をのせて、軽くふっているところからのぼってみましょう。

道具② ふり方が分からないとき
…大縄

大縄を二重にして鉄棒にひっかけて、そこへ足を通します。ブランコのように、振動を大きくしてみましょう。

Chapter 3 ……鉄棒運動編

できた人は挑戦しよう！ 発展技

前方片膝かけ回転（膝かけ前回り）

● 3ポイント

①手は逆手で前を見て。 ②上体を前へ大きく倒す。 ③膝をかけ、上体は前へのり出す。

　片膝を鉄棒にかけて前方に回転する技。前半のふりおろしさえできれば、後半は膝かけふりあがりと同じ動きです。はじめは小さなふりおろしだけを練習します。慣れてきたら勢いをつけて、前へ大きくふりおろせるようにします。手は逆手で、強くにぎりしめないように気を付けます。

● 5ステップ

| ①膝かけふりあがり | ②逆手膝かけふりあがり | ③片膝かけおろし | ④前へおろして膝かけふりあがり | ⑤補助膝かけ前回り |

こんな技もあるよ！ その他の発展技

ももかけあがり

前に大きくふり出して、足の付け根に鉄棒をつけるようにして上がります。

前方ももかけ回転（ももかけ前回り）

足の付け根に鉄棒をつけたまま、前回り。頭が鉄棒の下を過ぎたところで腰をグッと折り曲げます。

後方片膝かけ回転（膝かけ後ろ回り）

技の動きと3ポイント

①ふり足を後ろにふり、膝に鉄棒をはさみこむ。

②ふり足を鉄棒に近づける。

③腰を曲げて鉄棒を押す。

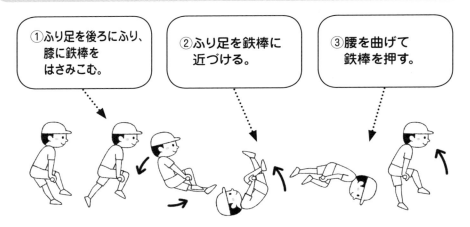

　片膝をかけたまま後ろに回転する技です。ふり足を後ろに開くことで、膝に鉄棒をはさみこみます。背中を遠くへ倒します。ふり足を鉄棒へ近づけることにより、回転の勢いを生み出します。腰から曲げて上がり、手首を返して鉄棒を押さえます。両側から補助で肩を押し上げてもらい、回る感覚をつかみましょう。

場づくり

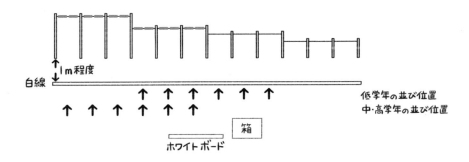

Chapter 3 ……鉄棒運動編

できるようになるための5ステップ

ステップ① 片膝かけふり

片膝をかけてふってみましょう。だんだん大きく。

ステップ② 膝かけふりあがり

膝かけふりあがりをできるだけ少ない回数のふりで上がれるようにしましょう。

ステップ③ ふって膝かけ後ろ回り

膝かけふりあがりのふりから、後ろに回って上がります。

ステップ④ 上から膝かけふり

鉄棒の上から体を倒して、大きくふります。

ステップ⑤ 補助膝かけ後ろ回り

友だちに両肩を押し上げてもらい、回ってみましょう。

補助のしかた

指導者はふり足の側に立ち、鉄棒と肩を持ちます。子どもが肩を倒したら、足と肩を回転方向へと押し上げます。

後方片膝かけ回転（膝かけ後ろ回り）

よくある失敗とアドバイス

失敗 ① 肩を倒すのがこわい

低い鉄棒で、膝を鉄棒にひっかける練習をしてみましょう。

失敗 ② 回転できない

ふり足を大きくして、鉄棒の上までふり上げましょう。背中は丸めて。

失敗 ③ 勢いが足りない

膝に鉄棒をかけるとき、肘を伸ばし、腰を高く伸ばすようにしましょう。

どうしてもできないときは、この道具！

道具① ふりおろしの膝のかけ方が分からない…**ふみきり板**

ふみきり板を置いて、その上へ立つようにしてみましょう。

道具② 回転の勢いが足りないとき…**うちわ**

うちわをけるように、足を鉄棒へ近づけましょう。

Chapter 3 ……鉄棒運動編

できた人は挑戦しよう！ 発展技

後方ももかけ回転（ももかけ後ろ回り）

● 3ポイント

①鉄棒を足の付け根にかける。
②肩から回転する。
③腰を折り曲げて。

　足の付け根に鉄棒をかけて、肩から上体を後ろに倒して回転します。倒れるときは足を前後に開き、頭が鉄棒の真下にきたら後ろ足を前足へ近づけ、鉄棒をはさむようにして回転の勢いを生み出します。回転後半は背中を丸め、腰を折り曲げながら支持に戻ります。

● 5ステップ

①膝かけふりあがり	②膝かけ後ろ回り（2回）	③膝かけ後ろ回り（3回）	④ももかけふりおろし	⑤補助ももかけ後ろ回り

こんな技もあるよ！ その他の発展技

いれかえ膝かけ後ろ回り

後ろをふりかえり、ふり足を鉄棒にかけて回ります。

プロペラ

真横を向いて体を遠くに倒します。鉄棒に体を近づけるようにし、回転しましょう。

鉄棒運動の連続技

やさしい連続技

とびのり→ふとんほし→ふりとび

とびのり→前回りおり→足ぬき回り

さかあがり→かかえこみ前回り→前回りおり

中くらいの連続技

さかあがり→後ろ回り→ふりおり

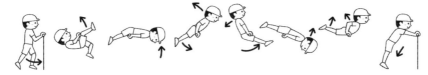

Chapter 3 —— 鉄棒運動編

とびのり→いれかえ膝かけ後ろ回り→またぎこしおり

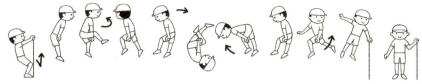

膝かけあがり→膝かけ前回り→またぎこしおり

難しい連続技

膝かけあがり→いれかえ膝かけ後ろ回り→またぎこしおり

さかあがり→空中前回り→ふみこしおり

膝かけあがり→両膝かけ回転→こうもりふりおり

Column 3
さかあがりが全員できるようになるために

　6年生を担任しているとき、さかあがりの指導をしました。
　はじめはクラスの半数近くの子どもができませんでした。できるようにするために、いくつかの手立てを講じました。
　まず体育館で、かえるの足うちや壁倒立などを教えました。それだけで、もともと力のある子はすぐにさかあがりができるようになりました。おそらく「逆さ感覚」が身についたためでしょう。
　次に、けり方を指導しました。「体育は得意だけど鉄棒運動だけは苦手」という子の多くは、ける方向が間違っていました。全力で助走をつけて、ななめ上にけり上げてしまうのです。力のベクトルがななめ上前方へ向いている。これでは、いつまでたってもできません。そこで、助走をつけることを禁止しました。助走ではなく、鉄棒より一歩前へ足を置き、そこからけり上げるようにさせました。すると、また多くの子ができるようになりました。
　いつまでたってもできないのは、懸垂の力が弱い子どもたち。足をけり上げたとたんにピンと肘が伸びてしまって、できないのです。
　「どうすれば、できるようになるのかな……」
　試行錯誤を重ねました。変化があったのは「脇をしめてごらん」という指示でした。脇をしめたとたん、残りの子もみんなできるようになったのです。
　不思議に思い、脇を開いたまま、肘を曲げた懸垂でこらえてみようと試みました。すると何と、こらえることができません。脇が開いていると、肘を曲げた懸垂で力が入らなくなるのです。
　よく「さかあがりは逆手のほうが力が入りやすい」と聞くことがあります。じつは手の持ち方ではなく、逆手だと脇がしまるから力が入りやすくなるということなのです。
　もし、いつまでたってもさかあがりができない子がいるならば、脇が開いていないかどうかをチェックしてみるといいでしょう。

Chapter 4
跳び箱運動編

「全員達成」の可能性を秘めているのが跳び箱運動。
跳び箱運動は、体格の差をあまり問題としません。
大柄な子だって、体重が重い分だけロイター板がはねるので、できるようになるのです。
効果的な場をつくり、全員の「できた！」を引き出しましょう。

ここを押さえればうまくいく！ 跳び箱運動の指導法

　跳び箱運動を苦手に感じている子は、跳び箱のことを「こわい」と言います。
「もし横に落ちたらどうしよう……」
「顔から突っこんだら大ケガしそう……」
そんな恐怖心が、子どもの足をすくませてしまうのでしょう。

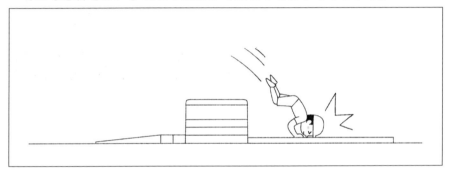

　また、指導で難しいのは、子どもの得意・不得意によって必要となる高さが異なることです。鉄棒運動やマット運動のように、みんな同じ場で活動するのは困難です。

Chapter 4 ……**跳び箱運動編**

　これらの問題を解決するカギは、場づくりにあります。
　跳び箱は壁と舞台に沿って置きます。これを「コの字型」と呼びます。矢印の順に難易度が上がっていきます。5ステップの場があるので、こわさを少しずつ克服することができます。教師は図の位置を基本にして立ち、全体を見わたしつつ子どもの補助をします。子どもたちは2人組になり、自分の課題に合った場を選んで取り組みます。待ち時間が少なく、運動量が確保できます。子どもは壁から助走を始めます。壁から跳び箱までの距離を変えれば、助走の速さを調整することもできます。

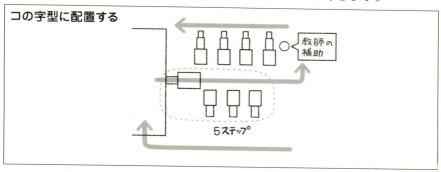

　跳び箱運動は、着手や着地においてケガが見られます。
　着地するたびにマットが動きます。そのまま放置しておくと、転倒してケガにつながるおそれがあります。跳び箱を跳ぶ前後では、必ず安全確認の動作を行うようにさせましょう。

105

知っておきたい！
跳び箱運動理論：ホウキ理論

跳び箱運動には、「切り返し系」と「回転系」の運動があります。
　切り返し系は、開脚とび、かかえこみとびなどのように、手のつきで体を起こす運動です。
　回転系は、台上前転や首はねとびなど、跳び箱の上でクルンと回転するように動きます。

ホウキをモデルにして、2つの動きの特徴を捉えてみましょう。
　ホウキを人として見立てます。柄の部分が頭で、毛先が足。
　柄を先にして、ホウキを立てるようにしてマットに向かって投げてみます。
　ポーンとひっくり返って回転します。これが、回転運動です。
　もう1回投げてみましょう。投げる角度を浅めにして、やさしく。
　柄がマットで反発し、持ち上がるようにして起き上がりました。
　これが、切り返し運動です。

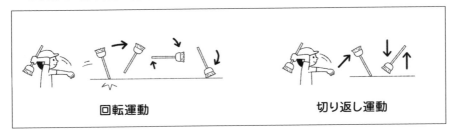

Chapter 4 ……**跳び箱運動編**

　では、切り返し運動の投げ方で、ホウキの勢いを強めてみましょう。切り返しの動きにならず、柄から落ちてしまうことになります。マットを反発する力よりも毛先の勢いが強くなると、切り返せなくなってしまうのです。
　切り返し運動では、助走を速くすると頭から落ちてしまうことがあります。だから切り返し運動を行うときには、助走を遅くしたほうが安全なのです。
　切り返し運動の指導の際には、壁から跳び箱までの距離を短くするようにして跳び箱を置くようにします。こうすることで、勢いをつけすぎる子どもの事故を防ぐのです。

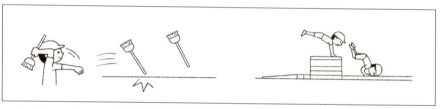

　ただし、速い助走でも切り返し運動にする方法はあります。
　ホウキを遠くへ投げるようにすればいいのです。手から柄のつく位置までの距離を長くする。こうすれば、切り返し運動になります。
　実際の跳び箱では、熟練してきた子にはふみきりから着手までの距離を長くするようにします。具体的には、ふみきり板と跳び箱の間に調節箱を入れます。そうすると、雄大な跳躍ができるようになるのです。

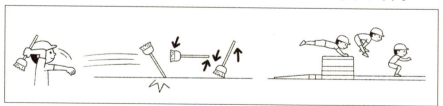

　こうしてみてみると、回転運動よりも切り返し運動のほうが複雑な動きをしていることが分かります。じつは、大きなケガが多いのも切り返し運動のほうなのです。
　指導者は、助走の速さと着手までの距離について、十分に考慮した上で指導を進める必要があるといえるでしょう。

跳び箱運動で指導する技一覧

開脚とび系

① 支持でまたぎのり・またぎおり

② 馬とび

③ 開脚とび

←――― 低学年 ―――→　　　←― 中学年 ―→

かかえこみとび系

① ふみこしとび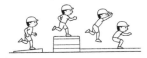

② 支持でとびのり・とびおり

←――― 低学年 ―――→

③ かかえこみとび

④ 屈身とび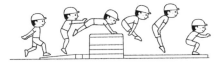

←― 中学年 ―→

←――――― 高学年 ―――――→

【低学年】（全8時限の場合）

第1限	第2限	第3限	第4限	第5限	第6限	第7限	第8限
オリエンテーション	とびのり・とびおり	とびのり・とびおり	開脚とび系	開脚とび系	台上前転系	台上前転系	発表会

Chapter 4 ……跳び箱運動編

台上前転系

① 台上前転

② 伸膝台上前転

中学年

高学年

首はねとび系

① 首はねとび

② 頭はねとび

中学年

高学年

③ 前方屈腕倒立回転とび

高学年

【中・高学年】（全8時限の場合）

第1限	第2限	第3限	第4限	第5限	第6限	第7限	第8限
オリエンテーション	開脚とび系	かかえこみとび系	かかえこみとび系	台上前転系	台上前転系	首はねとび系	発表会

これだけはそろえたい！
跳び箱運動の準備物

★跳び箱（小5台、中7台、大1台）

跳び箱は、小・中・大のサイズがあります。体育倉庫にしまわれていることが多いですが、倉庫の中に置くと、出し入れが困難になります。体育館の隅に置いておくことが望ましいでしょう。

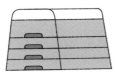
跳び箱（小）

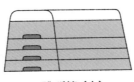
跳び箱（中）

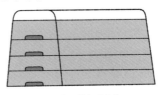
跳び箱（大）

★ロイター板（6台）

ふみきりの際に使用します。

★調節箱（13個）

跳び箱とロイター板の距離をあけるために使用します。
舞台へ置き、子どもが自分たちで使用できるようにしておきます。

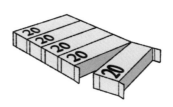

★赤玉（4個）

開脚とびの発展技に、玉入れ用の赤玉4個を使用します。図のように積み重ねます。

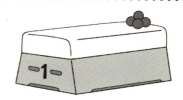

★マット（15枚）

マットは台車で管理するのがいいでしょう。枚数が多い場合は2台に分けるようにします。

★セーフティマット（1枚）

舞台からおりる場で使用します。壁などに立てかけるようにして保管します。倒れると危険ですので、マット台車などではさみこむようにするといいでしょう。

★ゴムひも（4本）

台上前転で使用します。パンツ用のゴムひもです。1mずつに切っておきましょう。

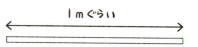

跳び箱運動の感覚づくり

これらの中からいくつか選び、5～10分程度で感覚づくりの運動を行います。

感覚を身につける運動

となりの人と、2人組をつくったら座りましょう。

①かえるの足うち

足ジャンケン。負けた人はかえるの足うちを5回します。

②手押し車

足ジャンケン。負けた人は、手押し車で10歩進みます。

③馬とびジャンケン

足ジャンケン。負けた人が馬になります。勝った人は馬とび5回。終わったらもう一度足ジャンケン。

④ブリッジくぐり

足ジャンケン。負けた人はブリッジ。勝った人は、その間をくぐります。

⑤背支持倒立ジャンケン

友だちと頭同士を向け合って足ジャンケン。何度も勝負してみましょう。

Chapter 4 ……跳び箱運動編

移動するあそび

全員、白い線の外側に立ちましょう。
リズム太鼓の「トン、トン」という音に合わせて、移動しましょう。
「トトン」と2回鳴れば、その場に止まります。

①歩く

まず、歩きます。

②走る

走ります。
前の人を追いこしましょう。

③スキップ

スキップをします。
高く大きくとびましょう。

④ギャロップ

ギャロップをします。いつも同じ足が前へ出るようにスキップします。

⑤反対ギャロップ

反対足を前に出してギャロップ。
リズム良くとびましょう。

> **動物あそび**

> 線のまわりを歩きます。
> いろいろな動物になりきりましょう。
> 太鼓が2回鳴ったらストップします。

①アザラシ

> アザラシになります。腕を立てて、足を伸ばして進みます。

②イヌ

> イヌになります。四つんばいで、手と足で進みましょう。

③サソリ

> サソリになります。手と足をついて、上向きになって進みます。

④足ひらきウサギ

> 足ひらきウサギ。手を下から前へふり上げて、できるだけ遠くにつきます。

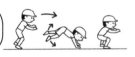

⑤足とじウサギ

> 足とじウサギ。手を下から前へふり上げて、できるだけ遠くにつきます。

Chapter 4 ……跳び箱運動編

ふみきりあそび

全員、起立。ふみきりの練習をします。「トン、トン、ドン」という太鼓の音に合わせて、ケンケンパーをしましょう。

① ケンケングー

ケンケンパーができたら、今度はケンケングー。ケンケンの後、両足を閉じます。

② 足を入れかえてケンケングー

今度は足を入れかえて、ケンケングー。

③ ケンケンジャンプ

ケンケングーで、両足をついたときにジャンプします。手は下から上へふり上げるようにして、大きくとびましょう。

④ とびのり・とびおり

自分に合う跳び箱で、とびのり・とびおりをします。空中で、いろいろな動きをしてみましょう。

パー　ひねり　手たたき　手足たたき　体反らせ　ボール　　キック

開脚とび

技の動きと3ポイント

①助走は2〜3歩でゆっくりと。

②手は跳び箱の奥につく。

③手より前へ肩を出す。

　開脚とびをするために必要な感覚は、手を支点とした肩の重心移動です。ついた手よりも前へ肩を出すようにします。普段の体育の授業で馬とびやタイヤとびなどに取り組み、とびこす感覚を身につけておくようにしましょう。走りすぎると顔から落ちる危険性があるので、助走は短く、2〜3歩程度で。

場づくり

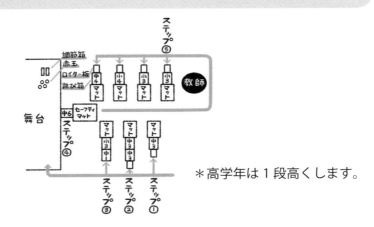

＊高学年は1段高くします。

Chapter 4 ……跳び箱運動編

できるようになるための5ステップ

ステップ① とびのり・とびおり

勢いをつけてとびのります。手は下から上へとふり上げて。
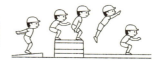

ステップ② またぎこし

跳び箱にまたがって、前へ進みます。できるだけ少ない回数でおりましょう。

ステップ③ 1段→3段で開脚とび

跳び箱に書かれている数字をのぞきこむようにしてとびこします。

ステップ④ 舞台から開脚とび

舞台の上に足をつけて、跳び箱の奥に手をついて開脚とびをします。

ステップ⑤ 補助開脚とび

補助付きでとんでみよう。立ち止まらずに、手は奥へつくようにして。

補助のしかた

　左手で肩、右手で腹（ヘソの下のあたり）を持ちます。ロイター板と跳び箱の間へ立ち、子どもの動きに合わせて移動します。着地時に前方へ転倒する危険があるため、肩は着地まで触れておくようにします。

開脚とび

よくある失敗とアドバイス

失敗❶ 立ち止まってしまう

まずは「とびのり・とびおり」をしてみましょう。手をついてもいいので、止まらずに。

失敗❷ 手をついて体を止めてしまう

跳び箱にまたがって、跳び箱に書かれている数字をのぞき込んでからとんでみよう。見えるかな？

失敗❸ 顔から着地してしまう

走りすぎです。ゆっくり、2〜3歩の助走でとんでみましょう。

どうしてもできないときは、この道具！

道具① とにかく跳び箱がこわい
…1段跳び箱

まずは、1段をとんでみましょう。肩を前へ出して。

道具② ふみきりが弱い
…二重ロイター板

ロイター板を重ねます。2倍のふみきりでとびこしましょう。

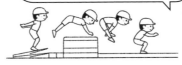

Chapter 4 ……跳び箱運動編

できた人は挑戦しよう！ 発展技

開脚伸身とび

●3ポイント

①足を閉じたまま高く上げる。
②手をついてから足を開く。
③体を起こして着地。

　開脚とびがとべるようになると、「もっと高い跳び箱がとびたい」と子どもたちは言い始めることでしょう。でも、高さではなく、同じ高さでより大きな動きができるようになることに促します。足を開くタイミングがポイント。足を閉じながらとび、手のつきはなしに合わせて一気に開きます。

●5ステップ

①開脚とび手たたき	②赤玉を置いて開脚とび	③調節箱を2つ置いて開脚とび	④調節箱2つ+赤玉を置いて開脚とび	⑤調整箱3つ+赤玉を置いて開脚とび

こんな技もあるよ！ その他の発展技

はさみとび

手を前後について、足を開き、後ろ向きにとびます。

あお向けとび

片足ずつとび、あお向けで跳び箱をつきはなしましょう。

かかえこみとび

技の動きと3ポイント

①手は下から前へ。

②膝は胸へつけるように折り曲げる。

③体を起こして着地する。

　ふみきりと同時に手は下から前へふり出します。手のつきはなしに合わせてすばやく膝をかかえこむことで上体を起こします。感覚づくりの運動「うさぎとび」を十分に練習してから取り組むようにしましょう。

　とびこしやすいように、跳び箱は横向きにします。ロイター板と跳び箱の間に調節箱を入れ、ふみきりと着手の距離を広くしましょう。

場づくり

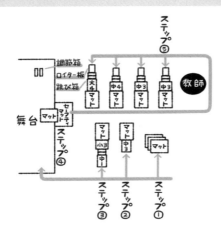

Chapter 4 ……跳び箱運動編

できるようになるための5ステップ

ステップ① マット3枚でうさぎとび

マットに手をつき、とびこえましょう。

ステップ② 跳び箱上でうさぎとび

手をついて跳び箱の上にのります。とびのったらすぐにジャンプしておりましょう。

ステップ③ 1段→3段でかかえこみとび

1段から3段に向かってかかえこみとびをします。

ステップ④ 舞台からかかえこみとび

舞台の上から手をつき、かかえこみとびをします。足と手を十分にはなして始めましょう。

ステップ⑤ 補助かかえこみとび

補助付きでとびます。勢いを止めずに、さっきまでと同じ感覚で。

補助のしかた

　教師は、左手で肩、右手で腹を持ちます。足が跳び箱へひっかかったり、勢いが強すぎたりすると、顔から転倒するおそれがあるため、着地まで肩を支えます。

121

かかえこみとび

よくある失敗とアドバイス

失敗❶ 足がひっかかりそうでこわい

手をつく時間を短くして、膝をすばやく胸へと引きつけます。とびながら壁に手をついて、つきはなしを覚えましょう。

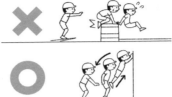

失敗❷ 跳び箱に正座でのってしまう

ロイター板と跳び箱が近すぎます。足2個分くらい距離をあけたほうがとびやすいですよ。

失敗❸ 顔から着地してしまう

体が倒れてしまっています。手をついた後は顔を前へ向けましょう。

どうしてもできないときは、この道具！

道具① 足がぬけないとき
…床のライン

床のラインに手をつき、そこよりも前へ足がつくようにしてみましょう。

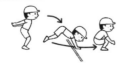

道具② 転倒をおそれてしまうとき
…1枚マット×1段跳び箱

マットの手前側から、1段の跳び箱をこえてみよう。

Chapter 4 …… 跳び箱運動編

できた人は挑戦しよう！ 発展技

屈身とび

● 3ポイント

①手は下から前へ出す。

②手をするどくつきはなす。

③体を起こして着地。

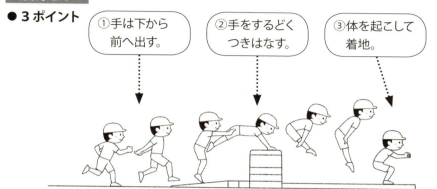

　かかえこみとびで膝を伸ばすと、屈身とびになります。手のつきはなしを鋭くして、上半身を浮かせ、膝を伸ばしたままでとびこします。かかえこみとびの5ステップの場を、膝が伸びた状態でできるようにします。

● 5ステップ

①3枚マットへ膝を伸ばしてうさぎとび	②跳び箱上で膝を伸ばしてうさぎとび	③1段→3段で屈身とび	④舞台から屈身とび	⑤補助屈身とび

こんな技もあるよ！ その他の発展技

かかえこみとび（縦）

手は跳び箱の奥へつきましょう。

屈身とび（縦）

つきはなすと同時に、勢いよく腰を折り曲げましょう。

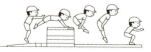

台上前転

技の動きと3ポイント

①勢いよく走る。

②跳び箱の手前に手をつく。

③頭の後ろをつける。

スピードのある助走から、勢いを止めずにふみきります。腰を高く上げて、体を丸めます。跳び箱の手前を横向きに持ち、手と手の間に頭を入れこむようにします。5ステップで恐怖心をなくし、徐々に慣れていくことが大切です。

後頭部をつける

場づくり

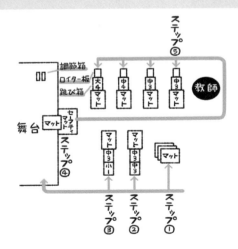

Chapter 4 ……**跳び箱運動編**

できるようになるための5ステップ

ステップ① マット3枚で前転

助走をつけ、床をけってマットの上で前転をします。

ステップ② 跳び箱の上で前転

跳び箱の上でしゃがみ、マットをかぶせた跳び箱の上で前転をして着地します。

ステップ③ 1段→3段で台上前転

1段の跳び箱から、3段の跳び箱に向かって前転します。
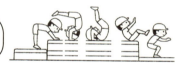

ステップ④ 舞台から台上前転

舞台の上から前転をしております。手前のほうに手をつきましょう。

ステップ⑤ 補助台上前転

補助付きで台上前転をします。勢いよく助走をつけてとびましょう。

補助のしかた

両手で腰を上へ持ち上げます。着地した後、後ろへ倒れて跳び箱へ衝突するおそれがあるため、回転後は背中と跳び箱の間に手を構えます。

台上前転

よくある失敗とアドバイス

失敗 ❶ 横に落ちてしまう

頭のてっぺんを跳び箱につけると横へ倒れてしまいます。頭の後ろを跳び箱につけましょう。

失敗 ❷ おしりが上がらない

もっと勢いよく走ってごらん。ロイター板を、ドンとふみきろう。

失敗 ❸ 回っている途中で落ちてしまう

跳び箱の手前に手をつきます。頭は、手と手の間に入れるようにしましょう。

どうしてもできないときは、この道具！

道具① 跳び箱がこわい
…マットかぶせ跳び箱

跳び箱にマットをかぶせて台上前転をしてみましょう。痛くないですよ。

道具② 着地でおしりをついてしまう
…2連跳び箱

跳び箱2つをつなげてとんでみましょう。

Chapter 4 跳び箱運動編

できた人は挑戦しよう！ 発展技

伸膝台上前転

●3ポイント

①勢いよく走る。
②手前に手をつく。
③膝を伸ばしたまま回転する。

　ロイター板をけった後、膝を伸ばしたまま回ります。子どもたちの多くは膝を伸ばしながら前転するという運動に慣れていないので、5ステップの場で膝を伸ばせるようにします。「首はねとび」の練習をするためには、この技の習得が必須です。

●5ステップ

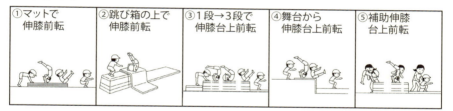

①マットで伸膝前転
②跳び箱の上で伸膝前転
③1段→3段で伸膝台上前転
④舞台から伸膝台上前転
⑤補助伸膝台上前転

こんな技もあるよ！ その他の発展技

ゴムひもをこえて台上前転

ゴムひもを友だちに持ってもらいます。とびこえて台上前転をしましょう。

ゴムひもをこえて伸膝台上前転

ゴムひもを友だちに持ってもらいます。とびこえて伸膝台上前転をしましょう。

首はねとび

技の動きと3ポイント

①首を早く入れて、「つ」の字になる。

②ブリッジするように体を反らせる。

③顔は跳び箱を見る。

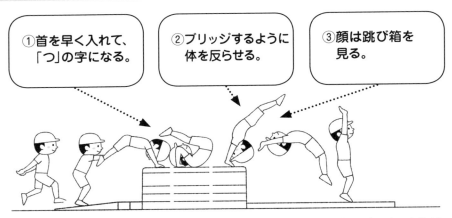

　伸膝台上前転ができるようになってから取り組みます。踏み切り後は早めに手をつき首を入れ、右図のような「つ」の字の形をつくります。ここからななめ45度方向に足を伸ばしたままけり上げます。ブリッジするように手を押し上げ、体を反らせます。難しい運動感覚なので、マット上で首はねおきの動きを十分に練習してから取り組みます。

場づくり

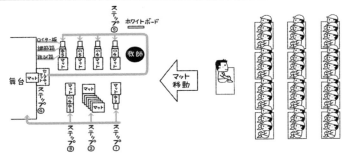

　はじめに体育館の右半面にマット、左半面に跳び箱を用意します。右半面で3人組をつくり、感覚づくりの運動を行います。その後、マットを左半面へと移動させます。

Chapter 4 ……跳び箱運動編

できるようになるための5ステップ

マットの3ステップ

まずはマットで、3つの動きを覚えましょう。

①つの字から背支持倒立	②つの字からブリッジ	③つの字から補助首はねおき

ステップ① **伸膝台上前転**

膝をピンと伸ばしましょう。

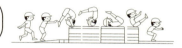

ステップ② **5枚マットで首はねとび**

「つ」の字から首はねとびをします。

ステップ③ **3段→4段で首はねとび**

頭をすばやく手の間に入れましょう。

ステップ④ **舞台から首はねとび**

ななめ45度にけりましょう。

ステップ⑤ **補助首はねとび**

ゆっくりの助走でやってみましょう。

補助のしかた

子どもの腰を下から上へ押し上げるようにして子どもの体を反らせます。

首はねとび

よくある失敗とアドバイス

失敗❶ はね方が分からない

まずはマットで、ゆりかごからブリッジを覚えましょう。できた人は、「つ」の字からブリッジをしましょう。

失敗❷ 勢いで前転してしまう

「つ」の字を意識した前転をしてみましょう。はじめは、ゆっくりの助走で。

失敗❸ 腰が跳び箱にぶつかる

跳び箱の手前に手をついてしまっていますよ。跳び箱の奥のほうへ手をつくようにしましょう。

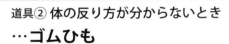

どうしてもできないときは、この道具！

道具① 「つ」の字からのはねあげ方が分からないとき…ぼうし

「つ」の字から、足を伸ばしたままぼうしをタッチします。腰を伸ばす感覚を覚えましょう。

道具② 体の反り方が分からないとき…ゴムひも

友だちにゴムひもを持ってもらいましょう。腰がゴムひもに触れないように体を反らせます。

Chapter 4 ……跳び箱運動編

できた人は挑戦しよう！ 発展技

頭はねとび

●3ポイント

①強く踏み切り、腰を引き上げる。
②頭をつける。
③ブリッジするように腰を反らせる。

　速い助走で首はねとびがとべるようになってから取り組みます。頭倒立のように、頭を跳び箱につけます。ブリッジをするように腰を反らせて、同時に手でつきはなします。

●マットの3ステップ

①腰曲げ頭倒立
②頭倒立からブリッジ
③しゃがみ立ちから補助頭はねおき

●5ステップ

①勢いのある首はねとび
②5枚マットから頭はねとび
③3段→4段で頭はねとび
④舞台から頭はねとび
⑤補助頭はねとび

こんな技もあるよ！ その他の発展技

前方屈腕倒立回転とび

前方倒立回転とび

Column 4 台上前転と跳び箱の種類

　跳び箱運動で台上前転を指導していたときのことです。
　まだできない子が多かったので、「小」サイズの跳び箱で教えていました。みんなスムーズに回るのですが、一部の子は着地で尻もちをついてしまっていました。
　「正しく回転できているんだけどなあ……」
　ためしに跳び箱の大きさを「中」に変えてみました。
　すると尻もちをつかず、自然な形でできるようになりました。
　そこで気が付きました。
　台上前転で尻もちをついてしまう子には、跳び箱の長さが足りていなかったのです。勘のいい子は、頭を手の間に入れる動きでこなしています。しかし回ることで精いっぱいの子にとって、それは難しい技術なのです。
　それからというもの、台上前転をするときには、「中」か「大」の跳び箱を準備するようにしています。
　技に適している跳び箱の大きさは決まっています。
　開脚とびは縦向きにとびこえます。長さが短いほうが簡単なので「小」か「中」。
　かかえこみとびは、はじめ横向きにとびます。横幅が長いほうが手をつきやすいので「中」。
　首はねとびは、縦向きにとびます。幅が長いと腰を打ちつける危険性があるので「小」もしくは「中」が適しているといえます。
　子どもをできるようにするためには、器械・器具選びも重要なポイントになるのです。学習する技によって、跳び箱の大きさを変えて準備するようにしましょう。

Chapter 5
器械運動の指導と評価の**ポイント**

器械運動は、それぞれの学年ごとに、どのような指導の違いがあるのでしょうか。
また、指導した後は、何をもって評価すればいいのでしょう。
ここでは各学年の指導内容と、評価の方法について確認していきます。

低学年の授業づくりのポイント

　低学年で指導するのは「器械運動」ではありません。
　「器械・器具を使った運動あそび」です。名前の通り、器械や器具を用いてあそびを行います。「マットランドであそぼう！」「跳び箱で忍者修行」「鉄棒島のぼうけん」など、子どもが興味をもつ単元名を設定し、ワクワクするような活動を用意します。
　ただし、あそびを楽しむだけではいけません。器械運動のような「感覚」を必要とする運動は、神経系の運動と呼ばれ、8歳で成長のピークを迎えるといわれています。低学年で十分に感覚を養っておくことが、それ以降の技の習得に大きな影響を及ぼすのです。
　まずは教師の指示に沿って、ぶらさがり、振動、手足での移動、逆さ姿勢、回転など、器械運動に結びつく様々な動きができるように学習を進めていきます。本書では主に「感覚づくりの運動」のところへ運動あそびを掲載していますので、この部分を多く取り扱うようにするといいでしょう。
　基本的な運動に取り組んだ後は、自分たちであそびを工夫します。このとき、むやみやたらに考えを広げていくのではなく、教師の側で、中学年・高学年の運動につながるようなあそびを把握しておき、その方向に子どもの関心が高まるようにしていくことが大切です。
　あそびの工夫を行った後は、ペアグループで考えたあそびを発表し合うなどして、お互いの良さを認められるようにしましょう。
　低学年は自分本位で行動しがちです。順番を守ったり、協力して準備するなど、基本的な運動のルールやマナーが身につけられるように指導します。
　器械運動の感覚を養い、興味を抱かせ、中学年から始まる「器械運動」へとつなげられるようにしましょう。

Chapter 5 ……器械運動の指導と評価のポイント

Point! ● 低学年は、あそびで器械運動の感覚を身につける。

中学年の授業づくりのポイント

　中学年は、器械運動をするための体格ができあがってきており、思考力も身についてきています。器械運動を学ぶのに適している学年ということができます。低学年で身につけた感覚を活かして、技ができるようにしていきましょう。

　まずは、それぞれの単元の基本的な4つの技について学習します。基本的な技がある程度できるようになれば、発展技に取り組んだり、できるようになった技を組み合わせたりすることができます。

　3ポイントをもとにして、「なぜ技ができないのか」を考え、自分の課題を捉えます。そして、5ステップの中から自分に必要な段階の活動を選び、取り組みます。

　このとき、グループで補助し合ったり教え合ったりして活動を進めていきます。はじめやおわりでは、自分のめあてやふりかえりを友だちへ伝えるようにします。「〇〇がいいね」「もっと〇〇をしてみたらどうかな？」などと、友だちと認め合いながら練習が進められるようにしましょう。

　中学年は、はじめて技に挑戦する学年です。こわい思いをすることがないよう、5ステップの段階を少しずつクリアできるようにしていきましょう。

Chapter 5 ……器械運動の指導と評価のポイント

Point!
- 基本技を習得する。
- 課題を知り、課題解決の方法を工夫する。

高学年の授業づくりのポイント

　高学年は、発展技に取り組むために適した体格ができあがってきています。課題解決方法や組み合わせを考えるための思考力も発達しています。単元全体の流れを示すことで、見通しをもたせながら学習を進めていくようにしましょう。

　基本的な技能が身についている子どもは、どんどん技を深めることができます。その一方で、技能が身についていない子どもは体格が大きくなってきているため、技の習得がますます難しくなります。どの子も意欲を保つことができるように、基本の技を確認しながら発展技に取り組むという流れで授業を組み立てるといいでしょう。

　中学年と同じようにして、3ポイントをもとにして自分の課題に気付き、5ステップから活動を選び、解決方法を工夫します。

　仲間とともに互いの課題を把握しながら練習を進めていきます。また、「技図鑑」（p.160〜162、172、182）の中からできる技をいくつか選び、組み合わせ技をつくります。ペアグループで組み合わせ技の動きを見合い、お互いの良さを認め合えるようにします。また、自分や友だちの考えを学級全体へ伝えられるようにします。

　準備や片づけは、自分たちで考えて行うことができます。リーダーが中心となり、安全に気を付けて準備・片づけができるようにしましょう。

　高学年は、器械運動の得意不得意が大きく分かれる時期ともいえます。中学校以降の学習につなげることができるよう、教師は苦手な子へしっかりと関わるようにしましょう。

Chapter 5 器械運動の指導と評価のポイント

Point!
- 発展技に取り組む。
- 課題を知り、解決方法を考える。
- 組み合わせ技を工夫する。

「個別の知識や技能」の評価

「個別の知識や技能」は、次の2点について評価します。

・技のポイントを理解しているか
・技ができるか

　「知識」に関しては、ワークシートで見ることができます。ワークシートには、技の連続図を掲載しており、空白のスペースに技のポイントが書き込めるようになっています。ポイントが書けているかどうかで子どもの知識を評価します。
　「技能」については、学んだ技ができるかどうかを見ます。
　授業で取り扱った技について、正しく実施できているかどうかを評価します。
　ワークシートには、技ができたら〇に色を塗ることになっていますので、それも評価の参考資料にするといいでしょう。ただし、子どもたちの自己評価にすぎないので、見とりによる評価も必要です。発表会での演技内容を評価するか、もしくは「なか2」の自由練習時間で1人ずつ見て回るようにするといいでしょう。

Chapter 5 ……器械運動の指導と評価のポイント

「個別の知識や技能」は

前転　　開脚前転

「ワークシートに技のポイントが書けているか」と

「学習した技が正しくできるか」を見て評価します

Point!
- 個別の知識や技能は、ワークシートと技のできばえで評価する。

「思考力・判断力・表現力」の評価

「思考力・判断力・表現力」は、次の2点について評価します。

- 伝えているか
- 工夫しているか

　どの学年でも、授業のおわりに学びを全体へ伝えられているかどうかを見ます。
　また、思考は目には見えません。思考力を深め、それを適正に評価するためには、ワークシートが欠かせません。以下のようにワークシートを中心にして評価します。

低学年

　低学年は、あそびを工夫していたかどうかを見とり、評価します。「かんがえた　あそびかた」の欄に、自分で考えたあそびを書くことができるようにします。

中学年

　中学年は、感想やめあてが具体的に書けているかどうかを見ます。
　自分の課題に気付き、ポイントとステップをもとにして解決方法まで考えられるようにします。

高学年

　高学年では、中学年の評価内容に加えて、組み合わせの工夫についても評価します。技の組み合わせの仕方について、発表会の台本「見てほしいところ」の欄に工夫する内容が具体的に書けているかどうかで評価します。

Chapter 5 ……器械運動の指導と評価のポイント

143

「主体的に学習に取り組む態度」の評価

「主体的に学習に取り組む態度」は、次の2点について評価します。

・協力できているか
・安全に気を付けているか

　友だちと関わり合う姿や、授業中の態度、ワークシートの「かんそう」（低学年）、「学習をふりかえって」（中・高学年）などから評価することになります。
　授業中の態度でもっとも分かりやすいのは、準備・片づけに取り組む姿勢です。授業の活動に対して、みんな熱心に取り組みます。ここにあまり差は見られません。
　しかし、準備や片づけになると、子どもたちの関心の度合いがはっきり表れます。2～3回に分けて、子どもの様子を観察・記録します。

Chapter 5 器械運動の指導と評価のポイント

- Point! 「主体的に学習に取り組む態度」は、ワークシートと準備・片づけに取り組む態度で評価する。

Column 5

課題別
子ども先生

　子ども同士の学び合いを活性化させたいときに有効な学習方法があります。
　それは、「課題別子ども先生」をつくることです。4つ程度の課題を設定し、先生役の子どもをつくり、教え合いを行うのです。
　例えば、鉄棒のかかえこみ前回りであれば、次のように行います。
　「今日は、かかえこみ前回りについて学習します。課題ごとに、先生になってみんなへ教えてくれる人を4人募集します。ふとんほしの先生をしてくれる人はいますか？　ブランコの先生をする人？　ダッシュかかえこみ前回りの先生をする人？　かかえこみ前回りの連続を教えてくれる人？　では、それぞれ自分の課題のところへ行き、教えてもらいましょう。移動始め！」
　子どもたちは4か所に分かれて教え合い活動を始めます。
　先生役の子が、ほかの友だちに教えます。ときには、質問を受け付けることもあります。簡単な練習会を始めるところもあります。
　3～4分ほどたったら終了の号令をかけます。お礼を言って終了。自分のグループに戻り、教えてもらったことをもとにして練習を始めます。
　ふりかえりでは、友だちに教えてもらったことで良かった内容を発表できるようにします。
　「今日、〇くんにかかえこみ前回りの目線について教えてもらいました。目は、前を見続けていると回りやすいということが分かりました」というように、全体で共有することにより、個人の学びを全体へと広げましょう。
　課題別に教えてもらうことにより、自分の課題の解決方法が見えてくるようになるのです。教える子ども先生も自尊心が高まり、良いことがたくさんある指導方法です。

巻末付録

子どもの意欲がどんどん高まる！
器械運動のワークシート

ワークシートを配るだけで、子どもの目は輝きます。
「こんな技があるんだ！」「この技かっこいいな！」
「やってみたい！」
子どもの思考が養われ、学びの跡が残ります。
ワークシートを使用することで、学びをさらに深められるようにしましょう。

ワークシートの使い方

ワークシートを学習に使用することには、3つの目的があります。

①子どもを個別に支援する

授業中に、子ども1人ひとりの悩みや成長に気付くことは至難の業。しかし、ワークシートがあれば、1人ひとりの困りに答えることが可能になります。

②思考を活性化させる

思考は、頭の中で考えているだけで深まるものではありません。考え、紙に書き留め、書いたことをもとにして、さらに考えを深めるのです。特に器械運動では「技をどのようにしてできるようにするのか？」「どの技とどの技を組み合わせればいいのか？」ということについて考える必要があります。その活動をより深めるためには、ワークシートが必要となるのです。

③教師による評価をより正確なものにする

体育科の授業は、他教科と異なりノートを使わないので、形に残るものがありません。評価があいまいになりがちです。しかし、ワークシートをもとにすることにより、客観的な根拠をもって評価することが可能になるのです。

本書のワークシートは、どの学年でもすぐに印刷したまま使えるようにしてあります。画用紙に貼り付ければ、器械運動のワークシートが完成します。

ワークシートは、可能な限り授業の時間内に書かせましょう。それができないようであれば、朝の会や帰りの会などの隙間時間に書かせるといいでしょう。

なお、本書のワークシートは掲示物としても活用することができます。拡大コピーしてプラスチックダンボールの板に貼り付ければ、移動式の掲示物のできあがり。子どもの意見を書き込むようにすれば、クラスの学びを1か所にまとめることができます。

感想カード

「めあて」と「成果と課題」を書きます。テクニックメモをもとにしながら、課題と解決方法を具体的に書くようにします。

日付	めあて	成果と課題
月　日		

ワークシート

技の連続図が載っています。このまわりに、学習した技のポイントを書き込みます。下にあるのは、技ができるようになるための5ステップです。できるようになったら○に色を塗ります。

技図鑑

学習する技が載っています。できるようになったら○に色を塗ります。

前転	開脚前転	前転ひねり
前転ジャンプひねり	前転片足立ち	とび前転

発表カード

技図鑑から発表会で行う技を選び、組み合わせを書き込みます。「見てほしいところ」を書くことで、組み合わせの工夫を明らかにします。

	上がる技	回る技	おりる技
①	さかあがり	かかえこみ前回り 片足かかえこみ回り	前回りおり

感想カード　　　年　　組（　　　　　　）

目標

練習の記録

日付	めあて	成果と課題
月　日		
月　日		
月　日		
月　日		

日付(ひづけ)	めあて	成果(せいか)と課題(かだい)
月 日(がつ にち)		
月 日(がつ にち)		
月 日(がつ にち)		
月 日(がつ にち)		

学習(がくしゅう)をふりかえって

マット運動ワークシート①前転・開脚前転
前転○

年　組（　　　　　　　　）

5ステップ（できたら○に色をぬろう）

①三角座り 起き上がり	②手をはなして 三角座り 起き上がり	③ゆりかご	④ゆりかご立ち	⑤ゆりかご ジャンプ
○	○	○	○	○

マット運動ワークシート① 前転・開脚前転

開脚前転〇

年　　組（　　　　　　　）

5ステップ（できたら〇に色をぬろう）

①腰の伸びた前転	②開脚でおしり浮かせ	③ゆりかごから開脚おしり浮かせ	④背支持倒立から開脚立ち	⑤坂マットで開脚前転
〇	〇	〇	〇	〇

マット運動ワークシート② 後転・伸膝後転

後転○

年　　組（　　　　　　　）

5ステップ（できたら○に色をぬろう）

①三角形の手	②ゆりかご 手タッチ	③ゆりかご足つけ	④ゆりかご 立ち上がり	⑤マット半分 かぶせ後転
ここに三角形ができるように 親指と人差し指つけて 手のひらが見えているように ○	○	○	○	○

マット運動ワークシート②後転・伸膝後転
伸膝後転 ○　　　　　　年　　組（　　　　　）

5ステップ（できたら○に色をぬろう）

①膝伸ばし ゆりかご	②膝伸ばし 開脚 後転	③足を手に 近づけて 立ち上がる	④坂マットで 途中から膝を 伸ばす伸膝後転	⑤坂マットで 伸膝後転
○	○	○	○	○

マット運動ワークシート③壁倒立・倒立ブリッジ

壁倒立〇　　　　　　　　　年　　組（　　　　　　　）

5ステップ（できたら〇に色をぬろう）

①背支持倒立	②かえるの足うち	③立ち姿勢から かえるの足うち	④壁のぼり逆立ち	⑤セーフティマットで壁倒立
〇	〇	〇	〇	〇

マット運動ワークシート③壁倒立・倒立ブリッジ
倒立ブリッジ○　　　年　　組（　　　　　　　）

5ステップ（できたら○に色をぬろう）

①補助倒立	②ブリッジ 手足近づけ	③頭倒立	④頭倒立から ブリッジ	⑤補助倒立 ブリッジ
○	○	○	○	○

157

マット運動ワークシート④側方倒立回転・ロンダート
側方倒立回転○

年　組（　　　　　　　）

5ステップ（できたら○に色をぬろう）

①かえるの足うち	②支持での川とび	③ゾウ	④ゾウ足入れかえ	⑤腕立て横とびこし
○	○	○	○	○

マット運動ワークシート④側方倒立回転・ロンダート

ロンダート○　　　　　　年　　組（　　　　　　）

5ステップ（できたら○に色をぬろう）

①体を伸ばして側方倒立回転	②側方倒立回転後ろ向き立ち	③側方倒立回転両足そろえ	④側方倒立回転両足合わせ立ち	⑤ホップ側方倒立回転
○	○	○	○	○

マット運動技図鑑 （できたら○に色をぬろう）

年　　組（　　　　　　　）

回転技

前転	開脚前転	前転ひねり
○	○	○
前転ジャンプひねり	前転片足立ち	とび前転
○	○	○
後転	開脚後転	後転片足立ち
○	○	○
後転ジャンプひねり	伸膝後転	後転倒立
○	○	○

倒立技

壁倒立	倒立前転	倒立ブリッジ
首はねおき	前方倒立回転	前方倒立回転とび
側方倒立回転	側方倒立回転両足そろえ	ロンダート
片手側方倒立回転	側方倒立回転前向き立ち	ロンダートひねり

バランス技

片手バランス	前方バランス	K字バランス
V字バランス	水平バランス	横水平バランス
パッセ	Z字バランス	コザック
Y字バランス	ブリッジ	ブリッジ片足上げ
かえるの逆立ち	背支持倒立	頭倒立

マット運動発表カード

年　組（　　　　　　　　）

「マット運動技図鑑」からできる技を選び、組み合わせてみよう。
スムーズに美しくできるような組み合わせを考えよう。

	組み合わせ技	バランス技	組み合わせ技
①	→ ➡	➡	➡ →
②	→ ➡	➡	➡ →
③	→ ➡	➡	➡ →

発表会で発表する組み合わせ……（　　　　　　　）

発表会の台本

発表をします。見てほしいところは、

よろしくお願いします。

163

鉄棒運動ワークシート①さかあがり・後方支持回転（後ろ回り）

さかあがり◯

年　　組（　　　　　　　　）

5ステップ（できたら◯に色をぬろう）

①足ぬき回り	②3秒みのむし	③タオルさかあがり	④坂さかあがり	⑤補助さかあがり
◯	◯	◯	◯	◯

鉄棒運動ワークシート①さかあがり・後方支持回転（後ろ回り）
後方支持回転（後ろ回り）○

年　組（　　　　　　　　）

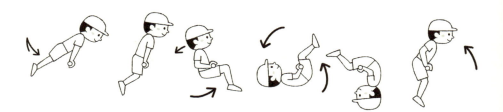

5ステップ（できたら○に色をぬろう）

①肘かけふり	②肘かけふりから膝つかみ	③かかえこみ後ろ回り	④タオル後ろ回り	⑤補助後ろ回り
○	○	○	○	○

165

鉄棒運動ワークシート②かかえこみ前回り・前方支持回転（空中前回り）

かかえこみ前回り○

年　　組（　　　　　　　　）

5ステップ（できたら○に色をぬろう）

①ふとんほしふり	②腕のせふり	③ブランコ	④ダッシュ かかえこみ前回り	⑤補助 かかえこみ前回り

鉄棒運動ワークシート② かかえこみ前回り・前方支持回転（空中前回り）
前方支持回転（空中前回り）○

年　　組（　　　　　　　　）

5ステップ（できたら○に色をぬろう）

①足をついて連続前回りおり	②連続かかえこみ前回り（3回）	③肘のび胸はりから前回りおり	④タオル空中前回り	⑤補助空中前回り
○	○	○	○	○

鉄棒運動ワークシート③膝かけふりあがり・前方片膝かけ回転（膝かけ前回り）

膝かけふりあがり○

年　組（　　　　　　　）

ふり足

5ステップ（できたら○に色をぬろう）

①両膝かけふり	②片膝かけふり	③膝かけとびのり	④上から膝かけふり	⑤補助膝かけふりあがり
○	○	○	○	○

鉄棒運動ワークシート③膝かけふりあがり・前方片膝かけ回転（膝かけ前回り）
前方片膝かけ回転（膝かけ前回り）○

年　組（　　　　　　　　）

5ステップ（できたら○に色をぬろう）

①膝かけ ふりあがり	②逆手膝かけ ふりあがり	③片膝かけおろし	④前へおろして 膝かけふりあがり	⑤補助 膝かけ前回り
○	○	○	○	○

鉄棒運動ワークシート④後方片膝かけ回転（膝かけ後ろ回り）・後方ももかけ回転（ももかけ後ろ回り）

後方片膝かけ回転（膝かけ後ろ回り）〇

年　　組（　　　　　　　　）

5ステップ（できたら〇に色をぬろう）

①片膝かけふり	②膝かけ ふりあがり	③ふって膝かけ 後ろ回り	④上から 膝かけふり	⑤補助膝かけ 後ろ回り
〇	〇	〇	〇	〇

鉄棒運動ワークシート④後方片膝かけ回転（膝かけ後ろ回り）・
　　　　　　　　　　　後方ももかけ回転（ももかけ後ろ回り）

後方ももかけ回転（ももかけ後ろ回り）○

年　　組（　　　　　　　　）

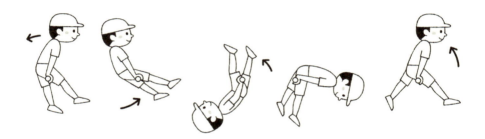

5ステップ（できたら○に色をぬろう）

①膝かけ ふりあがり	②膝かけ後ろ回り（2回）	③膝かけ後ろ回り（3回）	④ももかけ ふりおろし	⑤補助ももかけ 後ろ回り
○	○	○	○	○

鉄棒運動技図鑑 (できたら○に色をぬろう)

年　　組（　　　　　　）

上がる技

とびのり	さかあがり	膝かけふりあがり	ももかけあがり

回る技

かかえこみ前回り	前方支持回転（空中前回り）	かかえこみ後ろ回り	後方支持回転（後ろ回り）

後方片膝かけ回転（膝かけ後ろ回り）	前方片膝かけ回転（膝かけ前回り）	前方ももかけ回転（ももかけ前回り）	後方ももかけ回転（ももかけ後ろ回り）

おりる技

ふりおり	ふりおりひねり	片足ふみこしおり	またぎこしおり

前回りおり	両膝かけ倒立おり（こうもり倒立おり）	両膝かけ振動おり（こうもりふりおり）	飛行機とび

鉄棒運動発表カード

年　　組（　　　　　　　）

「鉄棒運動技図鑑」からできる技を選び、組み合わせてみよう。
スムーズに美しくできるような組み合わせを考えよう。

	上がる技	回る技	おりる技
①		➡	➡
②		➡	➡
③		➡	➡

発表会で発表する組み合わせ……（　　　　　　　）

発表会の台本

発表をします。見てほしいところは、

よろしくお願いします。

跳び箱運動ワークシート①開脚とび・開脚伸身とび

開脚とび ○

年　組（　　　　　　）

5ステップ（できたら○に色をぬろう）

①とびのり・とびおり	②またぎこし	③1段→3段で開脚とび	④舞台から開脚とび	⑤補助開脚とび
○	○	○	○	○

跳び箱運動ワークシート①開脚とび・開脚伸身とび

開脚伸身とび ○　　　年　　組（　　　　　　　）

5ステップ (できたら○に色をぬろう)

①開脚とび 手たたき	②赤玉を置いて 開脚とび	③調整箱を2つ 置いて開脚とび	④調整箱2つ＋ 赤玉を置いて 開脚とび	⑤調整箱3つ＋ 赤玉を置いて 開脚とび
○	○	○	○	○

跳び箱運動ワークシート②かかえこみとび・屈身とび

かかえこみとび ○　　年　組（　　　　　）

5ステップ（できたら○に色をぬろう）

①マット3枚で うさぎとび	②跳び箱上で うさぎとび	③1段→3段で かかえこみとび	④舞台から かかえこみとび	⑤補助 かかえこみとび
○	○	○	○	○

176

跳（と）び箱（ばこ）運動（うんどう）ワークシート② かかえこみとび・屈身（くっしん）とび

屈身（くっしん）とび ○　　　　年　組（　　　　　　　　）

5ステップ（できたら○に色（いろ）をぬろう）

①3枚（まい）マットへ膝（ひざ）を伸（の）ばしてうさぎとび	②跳（と）び箱上（ばこじょう）で膝（ひざ）を伸（の）ばしてうさぎとび	③1段（だん）→3段（だん）で屈身（くっしん）とび	④舞台（ぶたい）から屈身（くっしん）とび	⑤補助屈身（ほじょくっしん）とび
○	○	○	○	○

跳び箱運動ワークシート③台上前転・伸膝台上前転

台上前転 ○　　　年　　組（　　　　　）

5ステップ（できたら○に色をぬろう）

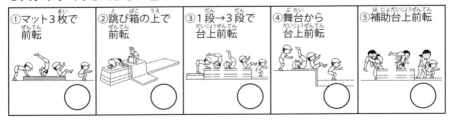

①マット3枚で前転　②跳び箱の上で前転　③1段→3段で台上前転　④舞台から台上前転　⑤補助台上前転

跳び箱運動ワークシート③台上前転・伸膝台上前転
伸膝台上前転 ○   年   組（   ）

5ステップ（できたら○に色をぬろう）

①マットで 伸膝前転	②跳び箱の上で 伸膝前転	③1段→3段で 伸膝台上前転	④舞台から 伸膝台上前転	⑤補助伸膝 台上前転
○	○	○	○	○

跳び箱運動ワークシート④首はねとび・頭はねとび

首はねとび ○　　　年　　組（　　　　　　）

マットの3ステップ （できたら○に色をぬろう）

①つの字から　背支持倒立
②つの字から　ブリッジ
③つの字から　補助首はねおき

5ステップ （できたら○に色をぬろう）

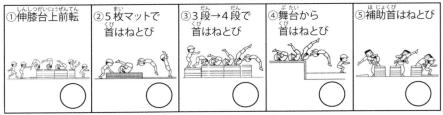

①伸膝台上前転
②5枚マットで首はねとび
③3段→4段で首はねとび
④舞台から首はねとび
⑤補助首はねとび

跳び箱運動ワークシート④首はねとび・頭はねとび
頭はねとび ○　　　　年　　組（　　　　　　）

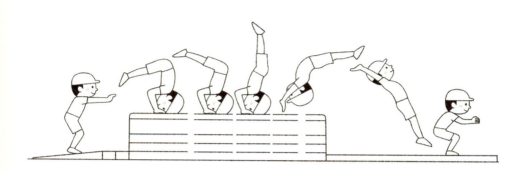

マットの3ステップ（できたら○に色をぬろう）

①腰曲げ頭倒立　②頭倒立から ブリッジ　③しゃがみ立ちから 補助頭はねおき

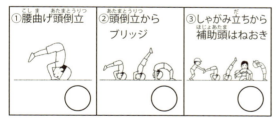

5ステップ（できたら○に色をぬろう）

①勢いのある 首はねとび　②5枚マットから 頭はねとび　③3段→4段で 頭はねとび　④舞台から 頭はねとび　⑤補助頭はねとび

跳び箱運動技図鑑 (できたら○に色をぬろう)

年　組（　　　　　　　）

切り返し系

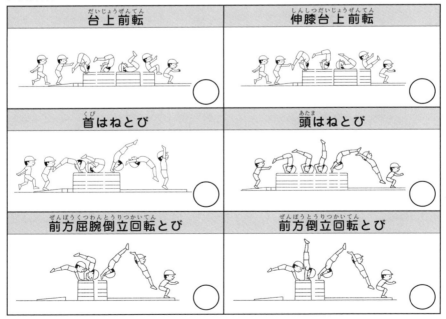

| 開脚とび | 開脚伸身とび |
| かかえこみとび | 屈身とび |

回転系

台上前転	伸膝台上前転
首はねとび	頭はねとび
前方屈腕倒立回転とび	前方倒立回転とび

跳び箱運動発表カード

　　　　　　　　　　　　　　　年　　組（　　　　　　　　）

「跳び箱運動技図鑑」からできる技を選びましょう。

	得意な技
①	
②	
③	

発表会で発表する技……（　　　　　　　）

発表会の台本

発表をします。見てほしいところは、

よろしくお願いします。

低学年ワークシートについて

　低学年は、「器械・器具を使った運動あそび」を指導しますが、それぞれの単元で、あそび方を工夫します。

> マットは、いろいろな転がりあそびをします。
> 鉄棒は、いろいろなジャンケンあそびをします。
> 跳び箱は、いろいろなジャンプあそびをします。

　ワークシートには、考えたあそび方を書き込みます。
　単元のおわりに配付し、ふりかえりとして書かせるようにするといいでしょう。

マットあそびカード

月　日

ねん　　くみ（　　　　　　　）

できたあそびの○にいろをぬりましょう。

①ゆりかご	②まえころがり	③うしろころがり	④かえるの あしうち	⑤かえるの さかだち
⑥とうきょう タワー	⑦かべのぼり さかだち	⑧ブリッジ	⑨うさぎとび	⑩まるたころがり
⑪だるまころがり	⑫かわとび	⑬うでたて よとびこし		

かんがえかた　　あそびかた

かんそう

てつぼうあそびカード

ねん　くみ（　　　　　　）

できたあそびの○にいろをぬりましょう。

かんがえかた　　あそびかた

かんそう

とびばこあそびカード

月　日

ねん　　くみ（　　　　　　　）

できたあそびの○にいろをぬりましょう。

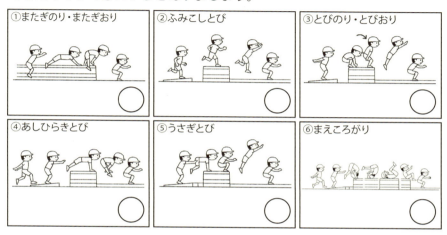

かんがえかた　　あそびかた

かんそう

おわりに

　私自身、小学校から大学まで14年間にわたり体操を続けてきました。
　体操をやっていて楽しいのは、技ができるようになる瞬間です。
　できなかった技が練習を重ねてできるようになったときは、大声を上げて喜んだものです。
　「明日は、どんな練習をしよう。あの技に挑戦してみたいなあ……」
　技のことを考えていると夜も眠れない。
　それくらい、体操というスポーツが大好きでした。
　小学校教師になり、「体操の楽しさを知ってもらいたい！」と気合を入れて臨みました。
　しかし器械運動の指導は、とても難しいものでした。
　人数が多い。そして1人ひとりの技能の差が大きい。
　「どこにマットや跳び箱を置けばいいのか？」
　「どんな感覚づくりの運動をすればいいのか？」
　私は書籍や指導案などから学ぼうとしました。
　しかし、掲載されているのは「研究用」の大がかりなものばかり。日常の体育科指導のための書物に出合うことはできませんでした。
　「どんな先生でも指導できる器械運動の本があれば……」
　そう考えて実践を重ね、「日常の器械運動指導の理想形」を追求し続けてきました。そして本書を執筆するに至りました。
　器械運動の授業では、ほかのどの教科、どの領域にも増して、子どもの「できた！」という声が聞こえてきます。大きな成長の瞬間です。どの子も、キラキラとした笑顔を見せてくれます。
　本書を通じて、器械運動の楽しさを1人でも多くの子どもに知ってもらえれば幸いです。

　　2018年8月

　　　　　　　　　　　　　　　　　　　　　　　　　　三好真史

著者紹介

三好真史（みよし しんじ）

1986年大阪府生まれ。
大阪教育大学教育学部卒業。
堺市立小学校教諭。
小学校時代から大学まで14年間体操競技を続ける。
器械運動を研究し、教師を対象とした研修を行っている。
全日本学生体操競技選手権大会「跳馬」準優勝。
2011年秋、TV番組「SASUKE」出場。
教育サークル「大阪ふくえくぼ」代表。
著書に『子どもが変わる3分間ストーリー』（フォーラム・A）、『子どもがつながる！　クラスがまとまる！　学級あそび101』（学陽書房）がある。

体育が苦手な教師でも必ずうまくいく！
マット・鉄棒・跳び箱指導の教科書

2018 年 8 月 30 日　　初版発行
2024 年 11 月 26 日　　8 刷発行

著者	三好真史
装幀	スタジオダンク
本文デザイン・DTP制作	スタジオトラミーケ
イラスト	榎本はいほ
発行者	佐久間重嘉
発行所	株式会社 学陽書房
	東京都千代田区飯田橋1-9-3　〒102-0072
	営業部　TEL03-3261-1111　FAX03-5211-3300
	編集部　TEL03-3261-1112　FAX03-5211-3301
	https://www.gakuyo.co.jp/
印刷	加藤文明社
製本	東京美術紙工

©Shinji Miyoshi 2018, Printed in Japan
ISBN978-4-313-65359-7　C0037

乱丁・落丁本は、送料小社負担にてお取り替えいたします。
定価はカバーに表示してあります。

> **JCOPY** ＜出版者著作権管理機構 委託出版物＞
> 本書の無断複製は著作権法上での例外を除き禁じられています。複製される場合は、そのつど事前に、出版者著作権管理機構（電話03-5244-5088、FAX 03-5244-5089、e-mail: info@jcopy.or.jp）の許諾を得てください。

学陽書房の好評既刊！

子どもがつながる！　クラスがまとまる！
学級あそび101

三好真史 著
◎ A5判228頁　定価1760円（10％税込）

準備なしで気軽に教室ですぐに取り組めるカンタン学級あそび集。子ども1人ひとりの距離を縮めながら、自然なつながりを引き出すコミュニケーションあそびが満載です。すべてのあそびが、低・中・高学年に対応！

学陽書房の好評既刊！

● 「あそび101」シリーズ

読み書きが得意になる！対話力がアップする！
国語あそび101

三好真史 著
◎ A5判140頁　定価2090円（10％税込）

「もっと書きたい」「もっと読みたい」「もっと話し合いたい」……子どもが夢中になって言葉の世界をグングン広げていくことができるあそび集。お馴染みのしりとりや辞書を使ったゲーム、作文ゲーム、話し合いゲームなど、楽しく取り組みながら国語が大好きな子どもを育む一冊です！

「読む」「書く」が育つ！国語力が楽しくアップ！
漢字あそび101

三好真史 著
◎ A5判152ページ　定価2310円（10％税込）

小学校教育の基盤となる漢字力アップに役立ち、授業の導入をはじめとしたさまざまな場面で活用しやすい全学年対応のあそび集。漢字に親しみ、学び、覚えながら、ペアやグループで活動するもの、ワークシートやタブレットなどを用いながら取り組むものなどバリエーション豊かなアクティビティがいっぱいです！

学陽書房の好評既刊！

● 「あそび101」シリーズ

楽しく数学脳が鍛えられる！
ワークシートで便利！
算数あそび101

三好真史 著　◎A5判136頁　定価2090円（10%税込）

パズルや迷路、図形や計算あそび……子どもたちが「もっと解いてみたい！」「考えるのって楽しいな！」と夢中になれるあそびが満載！　算数科の授業導入時のウォーミングアップにはもちろんのこと、授業の振り返り活動など、多様なかたちで楽しめます！

授業にそのまま使える！
スキマ時間に最適！
図工あそび101

三好真史 著　◎A5判128頁　定価2090円（10%税込）

どのあそびもワークシート形式であるため、準備は本書のページをプリントするだけ。そして、簡単に取り組めるものでありながら、図画工作の基本技法が学べます。子どもが楽しく創造力や表現力を発揮させることのできる「あそび」が詰まった一冊！

運動嫌いの子も楽しめる！
体力アップに効果絶大！
体育あそび101

三好真史 著　◎A5判132頁　定価2090円（10%税込）

運動嫌いを解消しながら体力アップをはかると同時に、クラスを一つにまとめるコミュニケーション活動や規律づくりにも役立つあそび集！　体育科の授業ではもちろん、雨の日の教室あそびやクラスイベントでも楽しく取り組めます。